MAISON DES TESTART

ÉCUYERS

VICOMTES DE LA NEUVILLE ET DE CAMPAGN

SEIGNEURS DU VALIVON, DE GOUY, ETC.

OU

PRÉCIS GÉNÉALOGIQUE, BIOGRAPHIQUE, HISTORIQUE

(D'après les documents authentiques sur cette ancienne et noble famille.)

PAR

le Vicomte DE LA NEUVILLE

AUTEUR DE DIVERS OUVRAGES

DE MON MIEVLX

AMIENS

TYPOGRAPHIE DELATTRE-LENOEL

32, RUE DE LA RÉPUBLIQUE, 32.

1882

3
m

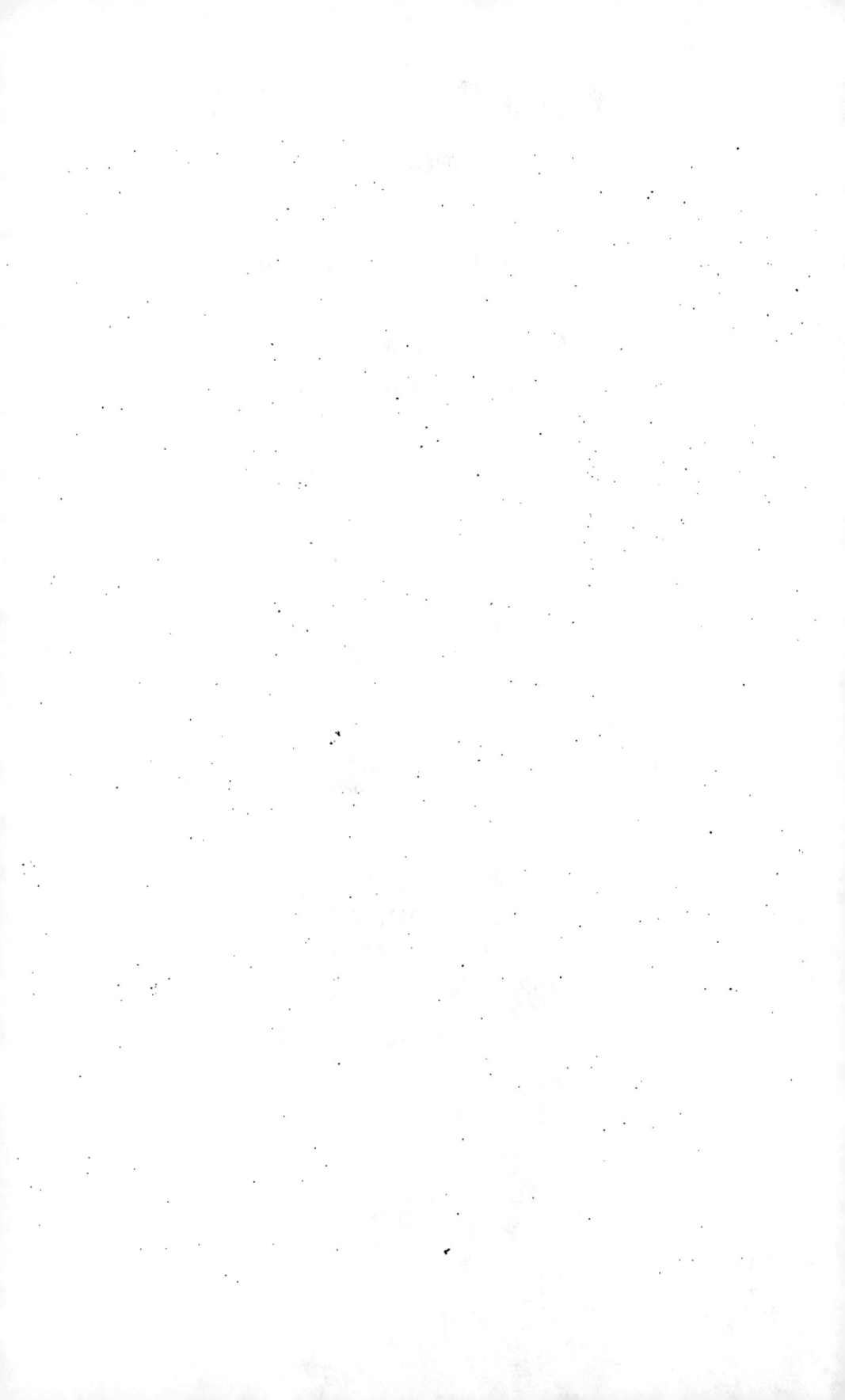

MAISON DES TESTART

ÉCUYERS

VICOMTES DE LA NEUVILLE ET DE CAMPAGNE

SEIGNEURS DU VALIVON, DE GOUY, ETC.

OU

PRÉCIS GÉNÉALOGIQUE, BIOGRAPHIQUE, HISTORIQUE

(D'après les documents authentiques sur cette ancienne et noble famille.)

PAR

le Vicomte DE LA NEUVILLE 2489

AUTEUR DE DIVERS OUVRAGES

DE MON MIEVLX

AMIENS
TYPOGRAPHIE DELATTRE-LENOEL
32, RUE DE LA RÉPUBLIQUE, 32.

—

1882

MAISON

DES

TESTART DE LA NEUVILLE
DU VALIVON ET DE CAMPAGNE.

I

Aujourd'hui il se fait, à profusion, des histoires ; les villages, comme les villes, ont les leurs respectives ; que l'on y joigne des notices biographiques, voilà le temps passé connu, reconstitué, ces productions partielles concourant à la formation d'une histoire générale. Participer dans la mesure de ses forces à cette œuvre collective, n'est-ce pas louable ?

Un des points les plus considérables qu'aucun historien n'oubliera, c'est qu'à côté de nos rois légitimes, nos ancêtres ont aidé à la formation de la France. Une part de souvenirs leur est, à ces coopérateurs, dévolue ; la leur refuser serait injuste. Nul doute, d'ailleurs, qu'un passé glorieux ne doive toujours être ravivé, ne fut-ce que pour exemple aux générations postérieures ; car servant à la fois de moteur et de guide, choses de la plus haute importance chez tous les peuples, il ne peut qu'être salutaire. Bref, partout et dans tous les temps les actions mémorables sont prisées et servent d'aiguillon.

Vrai ! ils sont admirables ces guerriers prenant congé de leurs vieux pères retenus dans leurs antiques manoirs et plus courbés par le port de la cotte de mailles que par le nombre des années ; leurs derniers adieux sont adressés aux châtelains dont ils se montreront les dignes émules, puis tout de suite ils partent pour se rendre à l'appel du roi les invitant à convoler à de nouveaux lauriers, ou peut-être même à la mort, qu'importe !

II

Dès le commencement de la monarchie française, l'une des particules de, du, des, le, la, les, n'a jamais été considérée comme un auxiliaire attestant la noblesse. Le signe prouvant la noblesse du nom, c'est le blason, l'écu, les armoiries, les armes. Le nom d'Hugues-Capet, nom si français et si éminemment noble, n'est pas précédé de particule ; cette observation nous convainc que les noms les plus anciennement nobles, accompagnés d'un écu, sont les plus anciens. Ainsi, celui qui se targue d'être noble avec particule dès les temps les plus reculés de notre ère, commet un anachronisme, voire une usurpation : la remarque, toute simple qu'elle paraisse, il l'a ignorée, tellement il est vrai que l'on ne pense pas à tout. Ah ! si autrefois les hérauts d'armes avaient à sévir, ceux d'aujourd'hui auraient passablement de besogne aussi.

Passer aux noms après avoir fait allusion aux particules, la transition est naturelle. On dit généralement que les noms propres n'ont point d'orthographe ; l'assertion est usuelle sans doute, mais elle n'en est pas moins fausse, erronée, car elle tend à faire naître des doutes sur les familles. Observons que ces bévues des scribes passés et présents portent infiniment moins de préjudice aux personnes blasonnées qu'aux autres.

Quantité de mots sont des noms, comme chacun sait ; mais ce qui est autrement difficile c'est de leur assigner une signification précise, problème des plus complexes et épineux. Le nom, envisagé au point de vue étymologique, présente quelquefois des difficultés pour être saisi. Voyez qu'elle incertitude règne sur le nom de telle ou telle ville dont l'importance cependant est d'ordinaire plus grande néanmoins, que celle d'un nom d'homme. Assurément il est des cas si caractéristiques qu'ils ne laissent subsister aucun doute ; de ce nombre sont : Campagne, Valivon, la Neuville lesquels signifient en toutes langues, plaine, vallon, ville moderne.

Toutefois dans les appellations, toutes caractéristiques qu'elles puissent-être, il est parfois extrêmement difficile de trouver un sens précis, et l'on en est réduit à deviner : Capet, nom si limpide en apparence, signifie-t-il que ce nom du roi de France avait l'organe cérébral très-développé ou bien révèle-t-il la transcendance du caractère, du courage, de l'énergie ? Testart, indique-t-il un homme à tête grosse ou encore est-il synonyme des facultés morales d'entêté, d'opiniâtreté, d'énergie ?

Revenons maintenant aux nuances orthographiques. Dans maintes chartes, le nom patronymique Testart est écrit Tétar, Testar, etc. ; de la Neuville se lit de Laneuville, de la Neufville ; Campagne s'écrit Campaigne ; enfin, Valivon est jaspé également de signes orthographiques tels que Val-Yvon, etc., mais jamais Valhuon, endroits distincts : le premier est du canton de Campagne et le second fait partie du chef-lieu de canton d'Heuchin.

III

Où fut le berceau de la famille Testart ? Antérieurement à 1412, on la voit figurer dans le Nord de la France. Un Testart, contemporain des la Hire, des Richemont, des Dunois, des la Tremoille, des Xaintrailles siégait déjà aux États d'Artois. Il fut convoqué à la réunion par le duc de Bourgogne en même temps que les Regnault de Salperwick, de d'Aleaume, de Pierre de Sainte-Aldegonde, de Lancelot de Licques, de Tramecourt, d'Helfaut, tous bien connus dans les annales locales. L'objet de la réunion était de voter un subside faisant face à certains frais d'armements. — Voyez *Histoire de Saint-Omer*, page 240, par Derheims.

Or, l'occasion s'en présentant, spécifions qu'il « fallait être noble de six générations et être seigneur de paroisse ou église succursale pour avoir entrée aux Etats. » Ainsi donc, la famille Testart comptait déjà, en l'année 1412, au moins cinq ou six générations de noblesse, ce qui porterait une origine antérieure au onzième siècle. Notons aussi, en passant, que les Etats d'Artois s'assemblèrent pour la première fois le 1er décembre 1368, sous Charles V, le Sage. Dispensateurs intègres des deniers publics, il leur était dévolu de voir s'il y avait lieu de les accorder ou de les refuser ; en cette occurence ils crurent devoir allouer, — et c'était équitable, — une contribution annuelle de quatorze mille livres couvrant les frais de la guerre. Depuis, et assurément avant 1412, je le répète, des Testart, seigneurs de Campagne — de la Neuville, ont été constamment convoqués jusqu'à la Révolution de 1789,

Charles-François Testart de la Neuville, qui ferme la série, par suite de la catastrophe gouvernementale, faisait partie de la liste des membres convoqués par lettres de cachet du roi, en date du 17 novembre 1788, et dont l'assemblée s'est faite, en ouverture, le 26 décembre même année. Son nom est porté, page 10, dans le *Catalogue des Gentilshommes d'Artois, Flandre et Hainaut* ; en outre, page 44, dans le *Catalogue de Picardie ;* enfin, page 52, dans le *Catalogue des Certificats de noblesse délivrés par Chérin* (généalogiste et historiographe des ordres du roi) *pour le service militaire, dans les années* 1781-1789. Ces trois *Catalogues*, publiés d'après les procès-verbaux officiels, sont de MM. Louis de la Roque et d'Edouard de Barthélemy, et se trouvent chez Dentu au Palais-Royal.

Les de la Neuville portèrent aussi les noms, suivants : du Rossinoy, de Bournonville, de la Folie, de Monville, de Ramecourt, de Saint-Eloy, de la Marlière. Pour ne pas surcharger presque intentionnellement le texte généalogique, — ou comme l'on disait autrefois la *génération*, — chaque membre ne sera mentionné que par ses noms les plus nécessaires. Cela dit, remarquons au préalable que chez les vieilles générations françaises, les manuscrits étaient conservés avec beaucoup de soin, et parmi eux les généalogies étaient regardées comme un trésor des plus précieux. J'évalue à environ une quarantaine de volumes les Archives de ma famille transmises de génération en génération. Il va sans dire que je n'y puiserai qu'avec discrétion, afin de ne point envahir complètement les pages de la *Picardie*. (*Archives, tome* 7, *pages* 205 *et* 206) :

I

Louis Testart de la Neuville, écuyer, seigneur de la Folie et autres lieux, porte : écusson écartelé d'argent au premier chef chargé d'hermine, au second vairé d'azur et d'argent, et supporté par deux lions rugissants. Cimier : un lion sur le casque.

Il épousa Jeanne ou Jehanne de Flahault. Flahault, écuyer, seigneur de la Fresnoy et de la Billarderie porte : d'argent à trois merlettes de sable posées deux et une. Le comte de Flahault, ambassadeur et l'un de nos contemporains les plus remarquables, est de cette maison. Louis, qui mourut en 1529, et Jeanne eurent les enfants suivants :

II

Jean ou Jehan 1er Testart de la Neuville, écuyer, seigneur de la Folie, et autres lieux, partagea la succession avec son frère Raud ou Rault 1er, en date du 12 novembre 1529. Il épousa, le 2 janvier 1530, damoiselle Marguerite de Campagne, fille de Jean de Campagne, écuyer, seigneur dudit lieu, et de damoiselle Charlotte de Bouthillier. Son témoin nuptial fut Raud.

Les armoiries des de Campagne sont : écusson gironné de douze pièces, chargé de fasce accompgné de trois coqs, dont deux en chef et un en pointe.

Jean passa une transaction à la date du 25 janvier 1550 par-devant MM^{es} Denis Preudhôme et François Dubiiez, notaires, à Roulogne-sur-Mer.

Le gouvenement d'alors voulant l'obtention générale des titres nobiliaires, la famille Testart de la Neuville présenta ses preuves, ce qui fut recognu par jugement jugé clos du 17 novembre 1539. (*Archives non classées.*) Une autre épreuve des plus inopinées se déclara peu de temps après : en 1544, la ville de Boulogne ayant été prise par les Anglais, fut saccagée ; aussi les papiers publics et les parchemins des gentilshommes furent anéantis pour la plupart, mais fort heureusement la cité fut reprise quelques années après, c'est-à-dire en 1550.

Tout aussitôt les intéressés se mirent en instance pour ré-gulariser leur position. Or, le roi Henri II « rétablit et descrivit de nouveau les priviléges disparus, ce par lettres-patentes du 5 février 1550. » A Jean, qui « avoit hérité de ses ancestres de temps immémorial la dignité de noble, furent octroyées des lettres, » comme aux autres gentilshommes du Boulonnais.

Jean passa une transaction avec son fils aîné, Maurice, héritier mobiliaire de défunte damoiselle Marguerite de Campagne, fille de Jean de Campagne, écuyer, seigneur dudit lieu, transaction passée à Montreuil-sur-Mer, le 6 mars 1557, devant MM^{es} Nicolas Malingre et Jean Petit, notaires. Enfin, il fait, le 5 janvier 1559, son testament dans cette même ville et chez les mêmes notaires. Raud, lui, meurt sans postérité en 1575. Il avait servi Sa Majesté.

III

Maurice Testart de la Neuville, écuyer, seigneur de la Folie et autres lieux, lieutenant, puis capitaine d'une compagnie de *gens de pied*, épousa damoiselle Marguerite du Blaisel, par acte passé à Calais, le 21 mars 1563, pardevant notaire et tabellion. Du Blaisel, écuyer, baron de Liane, porte : d'hermine à une passe fuselée de

six pièces de gueules, écartelé d'or à trois bandes d'azur.
(*Registre : Picardie, à la Bibliothèque royale.*)

Maurice partagea avec son frère Raud II⁰ du prénom, la
succession de Raud 1ᵉʳ, leur oncle, à la date du 22 avril 1575.
Aussi bon militaire qu'habile courtisan, un jour, interpellé par
le roi qui lui demandait s'il vivrait longtemps, il fit cette réponse :
« Sire, Votre Majesté vivra au moins quatre-vingts ans et toujours
dans l'histoire. »

Au dire de Brantome, cité dans l'*Histoire de France, par le
P. Daniel, tome* 10, *page* 620, le sieur de la Neuville échappa à
un péril imminent. « ... Et de tous ces pauvres gens il ne se
sauva que le sieur de la Neuville, honnête et vaillant gentilhomme,
que j'avais vu d'autres fois suivre M. d'Andelot, et depuis au
service de *Monsieur*, qu'il servoit bien, et de la plume et de
l'épée ; car il avait le tout bon.

« Ce gentilhomme donc étant entre les mains de ce peuple
enragé (il s'agit d'une émeute parisienne en 1572), et ayant reçu
six à sept coups d'épée dans le corps et dans la tête, ainsi qu'on le
vouloit achever, vint à passer M. de Tavannes, — maréchal de
France marié en 1546 à la fille du comte de Montreuil, — auquel
il court aussitôt, et le prit à ses jambes, disant : « Ah ! Monsieur,
ayez pitié de moi, comme grand capitaine que vous êtes en tout,
et soyez-moi miséricordieux. » Monsieur de Tavannes, ou qu'il
eût compassion ou que ce fût son humeur de lui tirer ainsi ce
pauvre gentilhomme entre les jambes, le sauva et le fit panser. »
Mourut en activité de service. (*Archives, tome* 2, *page* 297.)

IV

Jean, fils aîné, 11ᵉ du prénom, Testart de la Neuville, écuyer,
seigneur de la Folie et autres lieux, capitaine d'une compagnie de
gens de pied d'un régiment en la ville de Boulogne-sur-Mer,
accorda avec son frère Louis puîné, II⁰ du prénom, en date du
27 janvier 1593, pour une somme de 400 écus qu'il était chargé

lui payer par testament de Maurice, leur père, décédé en son domaine de Sacriquier, paroisse de Courset, qui l'avait institué son légataire universel. Les parties passèrent acte à l'amiable à Boulogne pardevant MM^{es} Denis Preudhôme et François Dubiiez, notaires royaux. Ce document porte l'inscription suivante : « Accord entre Jean Testart, écuyer, sieur de la Folie et Louis Testart, écuyer, son frère puîné. » (*Archives, tome* 8, *pages* 1, 2, 3, 4, 5 *et* 6.) De plus, il a été « cotté et paraphé *ne varietur* au désir de l'acte de légalisation de ce jourd'huy à Boulogne le 17 septembre 1754. Signé : Louis-Antoine Vailllant du Chastelet, escuyer, seigneur du Chastelet, conseiller du Roy et lieutenant particulier en la sénéchaussée du Boulonnois y tenant le siége. » Certificat annexé à la pièce principale. (*Archives, tome* 8, *page* 7.)

Louis IIe du prénom, frère cadet du précédent et avec lequel il accorda le 27 janvier 1595, se maria à l'église le 12 décembre 1606 à damoiselle Claude de Saulbruicq, orpheline, sœur de Charles de Saulbruicq, écuyer, seigneur de Clenleu, présent audit contrat de mariage fait et passé par « nottaire et tesmoins » au château féodal de Nempont-Saint-Martin le 11. (*Archives, tome* 8, *pages* 11, 12). Voici quelques paragraphes relatifs à ce mariage :

« Furent présentes et comparurent en leurs personnes : Louis Testart de la Neuville, escuyer, seigneur de la Folie, jeusne fils à marier, demeurant en sa terre de Sacriquier, paroisse de Courset, assisté et accompagné de hault et puissant seigneur, messire Jean de Monchy (1), escuyer, seigneur de Montcavrel et Georges de Monchy, escuyer, seigneur, parents et gouverneurs d'iceluy Testart, escuyer, aussy accompagné de François du Blaisel, escuyer, sieur du Blaisel, son cousin germain, et de Antoine du

---

(1) Cette illustre famille donna plusieurs abbesses à l'abbaye royale de Ste-Austreberthe de Montreuil : Claude de Monchy, Madeleine de Monchy fille de Jean de Montcavrel et de Marguerite de Bourbon, Charlotte-Cécile de Monchy, sœur de la précédente.

Campe,escuyer,seigneur de Tardinghem,aussy son parent d'Iceluy, d'une part, et damoiselle Claude de Saulbruicq, jeusne fille à marier, demeurant au chasteau de Nempont-Saint-Martin, assistée de Charles de Saulbruicq, escuyer, seigneur de Clenleu, estant sous le sang son frère, et de Ambroise de Sainte-Aldegonde, son cousin, d'aultre part.

» Lesquelles parties pour conclure le mariage pourparlé, d'entre ledit Testart escuyer, et ladite damoiselle de Saulbruicq, qui la prend au duc de Sarcepaze de Saint-Essel, sous les conditions, avantages et submissions après déclarés, et moyennant en bonne foy luy donner la promesse de mariage faite entre eulx consentie. » Suit l'énonciation de meubles et d'immeubles formant apports des époux. J'y remarque entre autres propriétés « le moulin de Verlu, près la porte de la ville de Samer aussy appelée la porte Bomel. » J'y vois en outre la stipulation, que, dans l'hypothèse de la survivance du mari, et en cas de « non effants ou apparence de grossesse, il reprendra en plus des choses spécifiées au cours de l'acte, ses escriptures et ses armes. »

Il est encore une clause, charmante par sa singularité, que je ne puis omettre de citer ; c'est celle-ci : « C'est à sçavoir par ledit mary promettre de ne jamais seulement luy donner de quoy faire une larme, à ladite épouse. ». Signèrent au contrat de mariage : « Louis Testart de la Neuville, escuyer, seigneur de la Folie, Claude de Saulbruicq, Charles de Saulbruicq, escuyer, seigneur de Clenleu, de Monchy, de Montcavrel, François du Blaisel. »

Retenu à l'armée par ses devoirs d'officier, Louis IIe donne à son beau-frère de Saulbruicq, écuyer, une procuration datée du 21 mai 1609 pour poursuivre l'un de ses fermiers qui lui devait des arrérages.

Le P. Daniel, déjà cité, dit dans son *Histoire de France, tome XIV, page 755* : « Qu'en 1636 on craignit qu'après la prise du Catelet, les ennemis n'assiégeassent Doullens ou Corbie ;

on renforça les garnisons de ces deux villes, et l'on y mit deux officiers habiles et courageux pour les défendre. Le sieur d'Aiguebelle fut envoyé à Doullens et le sieur de la Neuville à Corbie. » — Madeleine Testart morte sans allliance.

V.

Daniel (1er du prénom) Testart de la Neuville, écuyer, seigneur du Rossinoy, fut marié au Wast le 11 novembre 1652 à damoiselle Louise d'Ouinet, fille de Philippe sieur de Saint-Laurent. Le 28 janvier 1653, il racheta deux rentes créées par son père et sa mère ; fut présent aux contrats de mariage de Claude, sa sœur : 1° en 1650, avec Jean Rollet le Vaillant, écuyer, sieur de Monroy ; 2° avec Jean de Corbault, écuyer, sieur de Ballinghen, lieutenant d'infanterie au régiment de Rouville, mariage contracté le 22 mars 1655, après deux ans de veuvage. Pendant son veuvage du sieur de Monroy, Claude fut pleine de munificence envers son frère ; consignons le fait, relaté au cours de l'acte matrimonial de Daniel et de Louise : « Claude Testart, veuve de le Vaillant, écuyer, sieur de Monroy, à cause de la bonne amitié qu'elle porte à son frère, elle lui lègue des terres, des rentes, de l'argent. »

VI

Daniel, IIe du prénom, Testart de la Neuville, écuyer fils de Daniel 1er Testart de la Neuville du Rossinoy et de damoiselle Louise d'Ouinet de Saint-Laurent, a été baptisé le 17 octobre 1655 par Louis de la Hodde, prêtre « et a esté nommé par maistre Nicolas Poulain, curé de Courset. » Signèrent : Claude de Poilly, damoiselle d'Unaure de la paroisse de Courset, Poullain, Claude de Poilly, de la Hodde, prestre. » — *Registre aux actes de baptêmes* de l'église de Saint-Pierre de Longfossé. Il en a été fait un extrait conforme à l'original et dûment collationné, en date du 13 octobre 1697, par d'Hallunin, prêtre. *(Archives tome 8, page 17).*

Daniel, qui fut présent au contrat de son frère en 1683, le 14 décembre, se maria le 23 février 1694 à damoiselle Austreberthe Wlart, fille de Jacques Wlart, écuyer, seigneur, baron d'OEuf et de Charlotte du Bosquet, fille de du Bosquet, écuyer, seigneur de Gadimet et autres lieux, demeurant au village de Zoteux, en Boulonnois. Wlart, écuyer, porte : d'argent à trois anilles ou fers de meule de moulin, posées 2 et 1, (1). Daniel et Austreberthe ont fait enregistrer leurs armoiries en 1697. Voir le *Registre de Picardie page* 338, *à la Bibliothèque royale.* Daniel, qui avait été enseigne dans la compagnie de Gadacourt, est mort en activité de service auprès de Sa Majesté. (*Archives, tome* 2, *page* 297.)

VII

Jean, IIIe du prénom, Testart de la Neuville, écuyer, seigneur du Rossinoy et de Saint-Eloy, épousa : premièrement, le 12 février 1681, damoiselle Louise le Marthe Wlart ou Wulart ou encore Wallart, qui testa le 7 août suivant, et mourut sans enfant ; secondement, le 14 décembre 1683, suivant la généalogie (*Archives,* tome VII, page 205) et suivant la Maintenue de noblesse, le 14 septembre 1683, et enfin, suivant M. le baron de Calonne (*Dictionnaire historique et archéologique du Pas-de-Calais* page 31) le 14 novembre 1683, épousa, dis-je, Marie-Anne-Françoise Postel, fille de François Postel, écuyer, seigneur du Valivon, de Saint-Eloy, etc., et de dame Marie-Suzanne de Copigny ou de Coupigny. Marie-Anne Postel avait été baptisée en l'église paroissiale de l'abbaye de Saint-André-au-Bois, ordre de Prémontré, diocèse d'Amiens, pays d'Artois le 7 février 1668 ; son parrain fut Philippe-François d'Héricourt et sa marraine fut Anne-Geneviève (prénoms indéchiffrables) d'Héricourt. François Postel de Saint-Eloy est mort en son château du Valivon

---

(1) Généralité d'Amiens.

le 1er avril 1697 d'après le registre des morts de l'église paroissiale de Saint-André. (*Archives*, tome VIII, page 15). Henri Postel, écuyer, sieur de Ruisseauville, était capitaine d'infanterie en 1687. Déjà du temps du roi François Ier, le père des lettres, le nom de Postel est un emblème ; on disait : Postel (Guillaume) est l'honneur de la Normandie. »

Les armes des Postel, sont, Normandie : d'argent à trois trèfles de sinople ; au poteau de gueules, mis en bande. Picardie : d'azur à la gerbe d'or, accostée de deux étoiles du même. Celles de Mallet de Coupigny, famille originaire de Normandie, sont : d'azur à écusson d'or, au chef de gueules, chargé de trois fermeaux d'or. La vieille maison de Granville a ce même écu.

Maintenant signalons les enfants de Jean Testart, écuyer, seigneur de la Neuville, du Rossinoy, de Saint-Eloy et autres lieux, et de noble dame Anne-Françoise Postel du Valivon, sa femme :

1° Marie-Louise-Françoise, née le 23 novembre 1684. Morte à l'âge de 59 ans ;

2° Messire Charles Testart, chevalier du Valivon, seigneur de la Neuville, de Campagne, de Saint-Eloy et autres lieux, est né le 20 janvier 1687 au château du Valivon et baptisé le 23 à l'abbaye de Saint-André ;

3° Anne-Charlotte, née le 1er février 1689, et décédée le 1er décembre 1710 ;

4° Marie-Ursule est née le 22 octobre 1690, et décédée le 13 décembre 1690 ;

5° Jean-François, écuyer, est né le 5 mai 1693. Mlle de Beaulincourt de Belleville lui fait un leg, ainsi qu'on le verra plus loin.

Nous avons déjà vu plus haut que Jean-François, chevalier du Valivon, est né le 5 mai 1693. En 1717 le 5 mai, il assiste personnellement au mariage de son frère aîné, Messire Charles du Valivon, seigneur de Saint-Eloy et du Valivon, avec Mlle Wartel d'Allouagne, fille de Messire Wartel sieur d'Allouagne, échevin d'Arras et député aux Etats d'Artois ; de plus il y donne un complet assentiment, ainsi que le constatent les *Archives, tome* 8, *page* 29 :

« Ce jourd'hui vingt-trois de juillet mil sept cent dix-huit est comparu, pardevant les nottaires royaux soussignés, le sieur Jean-François Testart, écuyer, seigneur du Valivon, lieutenant au service du roy, à présent au régiment de Mailly, lequel après avoir eu de nouveau lecture à son apaisement du contrat de mariage cy dessus transcrit du sieur de Saint-Eloy, son frère, l'a agréé et approuvé en consentant à son pouvoir plein et entier effet dans toute sa teneur. Fait et passé à Lépinoy, les jour et an que dessus, et a signé, ledit comparant, avec les nottaires.

Par testament daté d'Arras, le 5 octobre 1726, Mlle Antoinette-Thérèse de Beaulincourt de Bellenville, dame de Bayeu et autres lieux, institue son légataire universel Jean-François Testart, écuyer, sieur du Valivon, premier lieutenant au régiment de Mailly, son consin. Par une clause restrictive il est spécifié que « s'il entrait dans les volontés de Dieu, observe expressément la testatrice, d'appeler à lui mon cousin Testart du Valivon avant ma mort, à ma mort tous mes biens appartiendront à ma cousine du Valivon. » (*Arch., t.* 3, *p.* 173). Voyons sa vie militaire. Fut chambellan. Le marquis de Gontaut, colonel du régiment d'infanterie de Biron, ayant donné à Testart du Valivon lieutenant en second, la charge d'enseigne en la compagnie de du Liez dans le régiment d'infanterie de Biron, vacante par la promotion de Lannoy à une lieutenance, le propose à ladite charge ce qui est sanctionné et signé de la main du roi, à Versailles le 18 mars 1759.

De nouveau, le marquis de Gontaut ayant donné à du Valivon, enseigne, la charge de lieutenant en la compagnie de d'Essart, dans le régiment d'infanterie de Biron, Sa Majesté agrée et signe de sa main cette promotion, en son palais de Versailles le 16 août 1759. (*Archives, tome* 7, *pages* 85, 86, 87, 88).

Jean-François Testart du Valivon avait été capitaine au régiment de Biron et parvint successivement aux grades supérieurs. Il fut décoré de la croix de Saint-Louis. Après avoir servi Sa Majesté pendant 52 ans, il meurt des suites de ses blessures, à Amberg (Bavière) le 30 janvier 1745. Sa mort fut suivie de près par le décès du 21 avril suivant, de sa mère, noble dame Anne-Françoise Postel du Valivon, veuve dès 1697 de Jean III Testart de la Neuville du Rossinoy.

VIII

Messire Charles Testart, chevalier du Valivon, seigneur de Campagne, de la Neuville, de Saint-Eloy et autres lieux, fils de Jean Testart, écuyer, seigneur du Rossinoy et de Saint-Eloy, etc., et de Anne-Françoise Postel du Valivon, est né le 20 janvier 1687 au château du Valivon, antique domaine de ses pères ; fut baptisé le 23 suivant dans l'abbaye paroissiale de Saint-André-au-Bois, ordre de Prémontré, diocèse d'Amiens, pays d'Artois. Son parrain et sa marraine furent : Jean-Charles de Gossan de Rumenville et Louise d'Ouinet de la paroisse de Courset. (*Archives, Tome 8, pages* 19 et 23). Le 23 février 1694 il fut présent au contrat de mariage de Daniel II son oncle.

En avril 1704, il est à Namur et dans l'attente de sa promotion en la charge d'enseigne, écrit M. le comte de Liancourt, à Mlle de Bellenville, d'Arras. Etant encore à Namur, il écrit le 22 octobre de l'année précitée à sa mère, Mme du Rossinoy, à qui il dit qu'il est de semestre. Entre autres choses, il la « prie de présenter ses compliments à M. de Buffey et à sa femme, ses cousin et cousine. » Il la prie également « de le rappeler aux bons souvenirs de son cousin d'Urre qu'il est très-désireux de voir et en même temps du plaisir qu'il auroit de tuer ensemble un lapin dans les bois du Valivon. » (*Archives, tome 8, pages* 90, 91, 92). Il prête serment de fidélité pour la charge de lieutenant au régiment d'Issenghien dont il a été pourvu par brevet du Roi, daté de Charleville, le 25 avril 1714. (*Archives, tome 2, page* 501).

Messire Charles Testart, seigneur de la Neuville, de Saint-Eloy, etc. se maria le 5 mai 1717 à Mlle Wartel d'Allouagne, fille de M. Wartel d'Allouagne, échevin d'Arras et député aux Etats d'Artois. Signèrent le contrat : Postel de Rossinoy, veuve du sieur Testart, écuyer. — Testart du Valivon. — Marie-Madeleine Wartel. — Wartel d'Allouagne. — Henriette de Canlers. — Marie-Louise-Françoise Testart de Saint-Eloy. — d'Héricourt de Canlers. — Wartel. N. B. Les signatures des notaires sont illisibles. (*Archives, tome* 8 : Contrat de mariage du 5 mai 1717, passé à Arras).

De cette union naquirent dans le domaine seigneurial du Valivon et furent inhumés à Campagne :

1° Marie-Anne-Josèphe-Ursule, née le 7 octobre 1718. Le 2 mars 1767 elle fut mariée à Messire Jean-François-Marie des Grosilliers, écuyer, seigneur de Quilen, diocèse de Boulogne-sur-Mer, fille de feu Messire François et de feu Marie-Madeleine de Mesmond ;

2° Marie-Françoise-Eugénie, née en 1720 le 20 septembre, décédée le 11 novembre 1761 ;

3° Marie-Madeleine-Louise-Charlotte est née le 20 août 1722 et mourut le 18 juillet 1748 ;

4° Marie-Marguerite-Augustine naissait le 28 août 1724 et mourait le 10 juillet 1727 ;

5° Anne-Charles-François-Bernard naquit le 10 août 1726 : son parrain fut Anne-François de Guizelin, chevalier, seigneur de Lespinoy et autres lieux, et sa marraine damoiselle Marie-Madeleine Testart ;

6° Marie-Madeleine-Françoise, née le 20 septembre 1728 ; meurt le 18 juillet 1748 ;

7° Louis-Joseph est né le 11 octobre 1730, baptisé le même jour.

Exhibons une missive de Louis-Joseph : « Au camp d'Hémel,

ce 1ᵉʳ septembre 1747. Mon très-cher père, j'ai l'honneur de vous écrire pour vous faire part de la nouvelle suivante qui vous fera très-certainement beaucoup de plaisir : la ville de Berg-op-Zoom a été prise hier d'assaut. Nous n'avons perdu que peu de monde ; mais l'ennemi en a perdu plus de deux milles, et nous avons fait quinze cents prisonniers, enfin nous avons pris plus de cent pièces de canons. On croit que le gouverneur est resté caché dans la ville avec le lieutenant et quantité d'officiers et de soldats. Le reste de la garnison est embusqué, mais on la chasse à coups de canons. Voilà tout ce que je puis vous marquer du siége. Le roi doit partir au premier jour ; on pense que nous irons le reconduire.

La prise de cette ville pourra fort bien nous amener la paix : cela fera chanter les Hollandais... Je suis, mon très-cher père, votre très-humble et très-obéissant fils, Testart de Bournonville.

P. S. Je vous prie d'assurer mes très-chères sœurs de mes très-humbles compliments aussi bien qu'à mes très-chers frères, quand vous leur écrirez. M. de Lespinoy et M. de Fiennes vous présentent leurs respects. Faites les miens à M. le curé de Campagne et à tous nos amis. — Mes chevaux sont toujours dispos. (*Archives non classées*). Fut chambellan auprès de S. M. Il servait dans les chevau-légers. Pour être admis dans cette compagnie d'élite il fallait être noble. Cette compagnie fut composée d'abord de 200 cavaliers ; ensuite, instituée en compagnie de la garde du roi, par Henri IV, en 1599, et dont le souverain était capitaine. Mourut le 9 octobre 1748.

A propos de cet événement douloureux, voici une lettre de condéléance qui honore autant celui qui l'a écrite que celui qui l'a reçue :

« Versailles, le 1ᵉʳ décembre 1748. — A M. de Campagne. — Je partage bien vivement, Monsieur, la perte que vous venez de faire de Monsieur votre fils : Je le regrette par les bonnes qualités, que je lui connaissais, et par l'amitié que j'ai toujours eue pour lui etc.

J'ai l'honneur, etc. de Chaune de Vezanne »

8º Charles-François est né le 13 février 1733. Il était appelé, ainsi qu'on le verra ci-après, à perpétuer la lignée ;

9º Pierre-Jean-Joseph est né le 3 juin 1735 et mourut le 3 septembre 1751. Voici au sujet de ce décès une lettre nécrologique :

« Monsieur et cher cousin, soyez bien persuadé que personne au monde ne prend plus de part que moi à la perte que vous venez de faire de Monsieur votre fils du Valivon. Vous étant véritablement attachée je ne manquerai pas d'offrir mes faibles prières à Dieu pour lui. En l'honneur de vous appartenir, j'ai l'honneur d'être très-respectueusement, Monsieur et cher cousin, etc. A Canlers, ce 10 septembre 1751. Madame d'Héricourt, marquise de Saluces. » (*Archives*).

IX

Messire Charles-François Testart, chevalier, seigneur, fils de Messire Charles Testart, chevalier du Valivon, seigneur de la Neuville, de Campagne et autres lieux, et de dame Marie-Madeleine Wartel d'Allouagne, est né au château de ses pères le 13 février 1733. Il fut baptisé le 15 de ce mois dans l'église de l'abbaye de Saint-André. Son parrain fut Jean-François Testart son oncle ; sa marraine fut Mlle Catherine d'Urre de Cienleu. Se maria le 9 août 1762 par acte passé au château du Biez, à Anne-Françoise-Josèphe d'Artois d'Avondance. Son mariage fut célébré par M. l'abbé Crespin, abbé de Saint-André, dans la chapelle du château. Apposèrent leurs signatures : Testart de la Neuville, d'Artois d'Avondance, — Testart de Campagne, — Wartel de Campagne, Testart du Valivon, — d'Artois du Valvalon, — de Lauretan du Valvalon, — Alexandre Oudart, Lourdel. — *Archives non classées.*

Leurs armoiries sont : Ecartelé au 1 et 4 d'hermine, au 2 et 3 vairé d'argent et d'azur ; de sable semé de fleurs de lys d'or.

Ces châtelains refondèrent l'église de Campagne que leurs

aïeux avaient fondée, et furent parrain et marraine de la cloche dont l'inscription est en ces termes : L'an 1787, je fus nommée Marie par Messire Charles-François Testart, écuyer, seigneur de Campagne et de la Neuville, et par dame Anne-Françoise-Joseph d'Artois, son épouse, fondateurs de cette église. Suivent leurs armoiries burinées.

Enfants de M. et Mme de la Neuville de Campagne du Valivon, enfants nés au Valivon :

1° Charles-Joseph est né le 8 novembre 1763 ; fut baptisé le 10 à Saint-André. Le parrain en a été Messire Charles Testart, père, chevalier du Valivon, seigneur, qui mourut en son domaine du Valivon le 11 avril 1769 ; la marraine, noble dame Charlotte-Albertine de Lauretan, épouse de Messire François-André-Jean-Baptiste d'Artois, écuyer, seigneur du Valvalon, d'Avondance et autres lieux. (*Archives, tome* 8, *pages* 27 et 28). Faisait partie de la Cour, avant 1789. Emigra et faisait partie de l'armée des princes et fut aide-de-camp du prince de Condé. Descendit à Quiberon, et dans la suite sonscrivit au monument. Fut commandeur. Se fit construire un château à Campagne, seigneurie où il fut maire. Se maria à Mlle Justine Douville de Sérainville dont il n'eut point d'enfant et qui mourut le 16 octobre 1831; lui, mourut le 19 mai 1859. — Mme de la Neuville, née d'Artois, est morte chez ce fils le 3 juillet 1826. Son mari M. Charles-François Testart de la Neuville de Campagne était déjà décédé, en son château du Valivon le 3 décembre 1812.

2° Jean-Baptiste-François-Marie est né le 6 juillet 1765 ; fut baptisé à Saint-André le 8 du même mois et de la même année. Messire François-Alexandre-Jean-Baptiste d'Artois, écuyer, seigneur du Valvalon ; noble dame Marie-Madeleine Wartel, épouse de Messire Charles, chevalier du Valivon, furent son parrain et sa marraine. (*Archives, tome* 8, *pages* 25-26).

Son brevet de second sous-lieutenant en la compagnie de Gossens dans le 3e régiment provincial d'état-major, créée le 1er décembre 1781, lui a été donné par le comte de la Grandville. Brevet signé du roi Louis XVI, à Versailles le 16 mai 1782. Un autre brevet de sous-lieutenant en la compagnie de Le Brun dans le régiment d'infanterie de Bearn, vacante par la promotion de Marillac, lui fut également donné par M. le marquis de Bartillat au nom du roi, Louis. Versailles le 15 mai 1784. — Ce même brevet est signé de la main même de Louis-Joseph de Bourbon, prince de Condé, à Chantilly le 8 juillet 1784. — Plus loin : par son altesse sérénissime : Boulogne de Lascours. (*Archives, tome* 7, *pages* 207, 75). Emigra. Fit partie de l'armée des princes, et fut tué à Quiberon.

3° Marie-Charlotte-Ursule est née au Biez le 6 octobre 1768. Fut admise à la maison de la noble famille à Lille, en date du 51 octobre 1776. Signatures de l'acte : Testart de Campagne (le proposant) ; de Poucques, du Puich, Denis du Péage, de Gilmart, de La Barre. — M.-C. Ursule mourut à Campagne le 20 juin 1842. (*Archives, tome* 2, *pages* 293-294).

4° Madeleine-Françoise-Victoire est née au Valivon le 2 juillet 1773. Elle eut pour marraine sa sœur. Fut mariée à M. Lemaire, d'Hesmond.

5° Jean-Baptiste-François-Marie II, de prénoms, qui suit, est est né au château du Valivon, le 11 janvier 1780 ; il eut pour parrain son frère portant les mêmes noms et les mêmes prénoms, ainsi que le constatent les registres aux actes de baptêmes de l'abbaye de Saint-André. Fut capitaine.

X

Jean-Baptiste-François-Marie II de prénoms Testart, fils de Messire Charles-François Testart, chevalier du Valivon, seigneur de Campagne de la Neuville du Valivon, et de dame Anne-Françoise-Joseph d'Artois, se maria à Marie-Joseph de Poupart qui mourut au château du Valivon le 9 mars 1850. Son mari décéda le 1er février 1850.

Voici leur postérité :

1° Joséphine-Charlotte-Céline née le 31 mai 1820 ;

2° Adolphe-François-Hubert, qui suit, est né le 6 janvier 1822 ;

3° Valère-Alfred est né le 23 avril 1825. Mort le 21 avril 1853.

Tous trois sont nés dans l'ancienne propriété du Valivon.

XI

Dès lors, Adolphe-François-Hubert, fils légitime de Jean-Baptiste-François-Marie Testart de la Neuville du Valivon de Campagne, et de dame Marie-Joseph de Poupart, représente la famille. Sa devise est : A Dieu mon âme, au Roi mon sang.

MAINTENUE DE NOBLESSE.

Le roi Louis XIV qui porta au plus haut période la gloire de la France sans rivale dans les temps anciens comme dans les temps modernes, ayant eu besoin de battre monnaie par suite de grandes dépenses consacrées aux arts, aux sciences, aux belles-lettres, aux édifices somptueux et aux nombreuses annexes territoriales ; Louis-le-Grand, ayant eu besoin d'or, et incité depuis longtemps par Colbert, gardien des coffres-forts fiscaux, avait ordonné par édits successifs, — entre autres l'édit de 1684, — des recherches nobiliaires.

Une des principales recherches, sans contredit, fut celle du mois de novembre 1696 donnant lieu à une minutieuse investigation ou perquisition sévère et générale contre les usurpations de noblesse, et par conséquent une vérification des titres de tous les nobles. Sans doute, Sa Majesté dut avoir pour mobile un sentiment noble plutôt que pécuniaire, en provoquant la centralisation des armoiries de ses sujets.

De là, dans la suite, *l'Armorial général de France,* formé par les commissaires généraux chargés de vérifier les titres de noblesse et d'enregistrement des armoiries, contresigné par messire Charles d'Hozier, généalogiste officiel, garde de l'armorial général de France, juge général des armes et blasons, chevalier de plusieurs ordres militaires, etc. Après cette digression je transcris la *maintenue de noblesse.*

Archives tome 7, *page* 195 *jusqu'à* 204 : « Généralité d'Amiens... A la suitte (1) de laquelle ordonnance ledit sieur procureur du roy aiant fait présenter la cause sur le registre ordinaire de ce siége au quatorze de juillet seize cent quatre vingt quatre que luy estant apparû de la sommation et évocation fait à Nicolas Toulet procureur dudit sieur demandeur, ledit procureur du roy se seroit offert conclure sur faits principaux, ce qui auroit obligé ledit sieur demandeur de faire insister ses fins et conclusions veu qu'il descendoit asseurement de noble génération et que la qualité d'escuyer (2) ne luy pouvoit être contesté et que comme tel il devoit estre immatriculé au nombre des nobles de cette province où il faisoit sa résidence ordinaire actuelle avec le port de ses armes tels que d'un écusson escartellé d'armines et au second verré d'azurre et d'argent susporté de deux lions rugissants et aiant pour cimier un casque avec lion comme elles sont icy paintes. (Suivent les armoiries.) (3)

---

(1) Les premières lignes ont été lacérées par l'humidité. Je profite de ce renvoi pour faire remarquer que l'orthographe et la ponctuation, dans cet acte et dans tant d'autres, ont été respectées afin de laisser aux documents leur cachet d'authenticité.

(2) Ecuyer, tire son origine de ce que les nobles portaient écus et armoiries. M. le marquis de Belbeuf, sénateur, dit dans le *Héraut d'armes* : « Le seul titre de noblesse dans les temps anciens et jusqu'à la fin du XVIIe siècle, était celui d'écuyer. » Les plus grands seigneurs, des princes se sont qualifiés « d'escûyer » dans leur jeune âge jusqu'à ce qu'ils fussent parvenus à l'ordre de chevalerie.

(3) La noblesse ancienne, féodale, militaire surtout, de race, portait des armoiries timbrées.

Car il ne vériffioit pas seulement par tiltres authentiques portans proëuves par les deux contracts de mariages, scavoir par le premier avec damoiselle Louise Marthe Wlart passé à Beaurainville le douziesme de février seize cent quatre vingt un et le second avecq ladite damoiselle Anne-Françoise Postel passé au château du Valivon le quatorziesme jour de septembre seize cent quatre vingt trois tous deux passez par devant nottaires de ce païs qui n'ont pas fait scrupule de luy donner ladite qualité d'escuyer. Mais encore qu'il est fils dudit Daniel aussi qualifié tel par lesdits deux contracts mais encore qu'il est cognu tel par plusieurs tiltres et entre autres par sondit mariage avec damoiselle Louise d'Ouynet icelle encore vivante père et mère à luy demandeur passé pardevant nottaire garde nottaire au bourg de Wast païs de Boulenois l'onziesme jour de décembre mil six cent cinquante deux ; item par celuy de damoiselle Claude Testart avecq Jean de Corbault, escuier seigneur de Balinghen sœur audit Daniel passé à Jumet le vingt deux de mars seize cent cinquante cinq auquel iceluy Daniel avoist comparu et y estoit dénommé avecq l'attribue de cette qualité d'escuier ; item pour un bail accordé par iceluy demandeur et ladite damoiselle d'Ouynet sa mère à Pierre et Jean Bultel le vingt deux d'octobre mil six cent cinquante huit se voyoit que l'attribue d'escuier estoit encore attribué audit Daniel Testart de la Neuville au moyen de quoy se voyoit que ledit Daniel estoit fils dudit Louis ; de mesme qu'il paroissoit par son contract antenuptial avecq damoiselle Claude de Saulbruicq fait et passé pardevant nottaires et tesmoins au château de Nempont St-Martin le onziesme de décembre mil six cent six dont la minutte originalle se produiroit ; se voiant aussy par un certifficat des gens de loy dudit lieu, par le régistre du curé de ce temps que ce mariage avoit esté effectué entre les deux personnes. Il consistoit encore par cette production que ledit Louis estoit escuier pour cette qualité luy estre donnée par ces actes de ledit mariage dudit Louis ; il consistoit encore qu'iceluy estoit fils de Maurice ; comme aussy par certaine procuration qu'il donna à Charles de Saulbruicq escuier son beaufrère fait et passé à Guisne en l'an mil six cent et neuf le vingt et un de may pardevant nottaires et tesmoins qui se produiroit originallement dans la signature y apposez aussy bien que l'escriture et caractère d'ycelle estoit recognüe par le dépositaire des minuttes des contracts receu par iceluy nottaire et dont la preud'homie estoit justifiée par les mayeur et eschevins de la ville de Calais et ces deux actes faisoient respectivement voir que ledit Maurice estoit aussy escuier ainsy que le démontroit encore le contract de mariage d'iceluy Maurice avec damoiselle Margueritte de Blaisel fait et passé pardevant nottaire et tabellion en ladite ville de Calais *lé vingt et uniesme jour de mars quinze cent soixante trois* produit en expédition signé des nottaires qui l'avoient receu que ledit sieur demandeur prouvoist avoir esté effectivement nottoires par un certificat qu'il rapportoit d'un autre nottaire dudit Calais nomé Pillet dont la preud'homie estoit justiffiée par les mayeur et eschevins de ladite ville de Calais. Le testament dudit Maurice fait et passé audit Wast le dix sept d'avril quinze cent quatre vingt quatre pardevant nottaires et tesmoins dont se produisoit pareillement une expédition signée du nottaire qui l'avoist receu et ladite qualité d'escüyer luy avoist esté attribué. *Après toutes lesquelles productions jointes à la possession que ledit sieur demandeur et ses predecesseurs estoient de temps immémorial de posséder cette qualité d'escuyer, de passer pour tel tant en privé que en publicq et de jouïr des priviléges et benefices de noblesse en tous lieux* comme on remarquoit non seulement de tous les actes cy dessus mais encore de plusieurs autres que l'on produiroit scavoir le testament de ladite damoiselle Louise Marthe Wlart première femme dudit sieur demandeur fait et passé à Montreuil le sept d'avril seize cent quatre vingt un ; une sentence donnée des bailly et hommes de fiefs de la ville de Desvres au proffit dudit Daniel Testart du Rossinoys de la Neuville le vingt huit de juillet

mil six cent cinquante sept; item un contract de rente fait par ledit
Louis Testart de la Neuville ; item une constitution de rente créé
par ledit Daniel au proffit de Damoïselle Louise du Blaisel femme
de Jean Accart, escuier sieur de Malinghen; un certifficat des curé
seigneur et principaux habitants du village de Coursest en Bou-
lennois où ledit sieur demandeur et ses prédécesseurs avoient
résidé dont la signature des nottaires qui l'avoient expédié et
receu estoient cognus et légalisez par bon certificat de gens de loy
des villes et lieux de leur demeure.

Au moyen de tout quoy ledit sieur demandeur espéroit que la
Cour ne trouveroit aulcun doulte de le déclarer noble et issu de
noble generation et qu'il pourra porter partout les armes cy-
devant reprises les feu Daniel son père en ayant toujours jouy
avecq les prerogatives preeminences et privileges appartenans à
la noblesse veu mesme qu'il prouvoit de descendre d'un père noble
qui avoit receu de ses ancestres la mesme qualité tels que Louis
père dudit Daniel et Maurice père d'iceluy.

Ainsy cestoient trois à quatre generations consécutives qui par
conséquent ne pouvoient apporter aulcune opposition à la juste
demande de le déclarer noble et issu tel comme dit est. Ce tout
quoy le sieur demandeur se concluoit et esperoit obtenir au moyen
de la preuve plus ample qu'il esperoit en faire par bons tesmoins
et personnes de probité en la forme et manière accoutumée y
estoit admis et ce par-devant comis de la Cour qu'il plaira à ces
fins vouloir dénommer. Sur quoy s'estant le différent instruit
comme dit est et rendue l'ordonnance avant dite dudit vingt huit
de febvrier mil six cent quatre vingt quatre led. sieur demandeur
avoit fait procéder à ce debvoier de preuve testimonialle et litté-
ralles par-devant nostre cher et bien amé Messire Jean-Adrien de
Mulet escuier esleu de ce païs commissaire à ce dénommé lesquels
debvoier iceluy sieur demandeur avoit par acte du deuxiesme de
décembre dernier couché sur le registre extraordinaire, fait déclarer son enqueste faite et achevée et mesme rapportée au greffe

ayant ledit procureur du roy par autre acte du troisiesme de febvrier seize cent quatre vingt cinq faict déclarer par Lepypes son
procureur *ad lites* que pour preuve de sa part il employoit les
escrits par luy servis au différent cy-devant et sa denegation que
ledit sieur demandeur fut noble et issu de noble generation et
autres moyens pour luy allégué. A la suite de ce les parties auraient prins appointement de publier et par autre acte du cin-
quiesme dudit mois et an mil six cent quatre vingt cinq prins
respectivement appointement de bailler reproches pour lesquels
elles auroient employé ceux de droit le concluant au surplus et
accordant le tout estre par Nous veu pour en décider pourveu
qu'elles pouroient servir de ...ations par escrit en fournissant leur
sacq. A quoy ledit sieur demandeur auroit satisfait de sa part
ledit procureur du roy deffendeur en ce procès s'en estant abstenû
sans alégations et employé cy-dessus selon que ès requeste escrits
ordonnances enqueste et solvations des parties estoit et est plus
a plain contenu.

« *Scavoir faisons que le tout veu et tout considéré la Cour a
déclaré et déclare ledit sieur demandeur noble et issu de noble generation, ordonnant en conséquence qu'il jouira desdits droits priviléges et prérogatives appartenans à la noblesse* le condamnant
neantmoins aux dépens de ce procez. En témoin de quoy nous
avons à ces présentes fait mettre nos sceaux qui furent faites et
prononcées en jugement le sept febvrier mil six cent quatre vingt
cinq. Signé Platel (avec paraphe). Scellé le dix febvrier 1685.
Approuvé les ratures et les mots interlignez. »

Était-ce pour se conformer à l'édit du mois de novembre 1696
que Daniel Testart du Rossinois de la Neuville et Austreberthe
Wlart, sa femme, ont fait enregistrer leurs armoiries à Paris en
1697 ? Toujours est-il qu'un exemplaire (manuscrit) de la
maintenue de noblesse relate ces lignes :

« Collationné la présente copie à la grosse en parchemin.
Signé: Platel (avec paraphe), et scelée de deux sceaux de cire

4

jaulne par le sieur de la Hodde et autres habitants de la ville de Monstreuil agissant pour les sieur et dame du Rossinoy de la Neuville, et à luy à l'instant rendue à la grosse. Ladite copie a esté rendue comme pour servir ce que de raison par les notaires royaux résidens à ladite ville de Monstreuil, soussignés, ce jour-d'hui neuf novembre mil six cent quatre-vingt-dix-sept. — De la Hodde. Leroy. Pecquet. — Controllé à Monstreuil le 15 novembre 1697. Signature illisible.......... Le 16 novembre 1697. » Signature également illisible.

PLACET OU REQUETE,

Poursuivant l'examen des preuves de noblesse, voici de plus, ce qui y a trait : *Archives, Tome 2, pages* 293 — 294.

Auparavant un mot. Lorsque, en 1776, M. et Mme de la Neuville-de Campagne — du Valivon voulurent mettre leur fille, Charlotte-Ursule, à la maison de la noble famille de Lille, ils adressèrent pour se conformer aux statuts des administrateurs, un Placet avec une « sentence des élus d'Artois datée du 7 février 1683 » ainsi que la maintenue de noblesse produite plus haut.

Premièrement. « Placet ou Requête présentée par Messire (1) Charles-François Testart de la Neuville, chevalier, seigneur de Campagne, du Valivon, etc., aux administrateurs de la maison de la noble famille, à Lille.

« Suplie Messire Charles-François vouloir agréer l'aisnée des

---

(1) La qualification de *messire*, plus élevée en hiérarchie que celle d'*écuyer* appartenait au *chevalier* qui, lui, pouvait-être appelé *monseigneur* et son épouse *dame* ou *madame*. Quant à la femme d'un écuyer, fut-elle princesse, elle ne pouvait se qualifier que *damoiselle* ou *demoiselle*.

demoiselles ses filles âgée de sept ans pour la faire recevoir dans la maison de la noble famille, étant ledit supliant père de quatre enfants et auxquels il veut donner une éducation convenable à leur naissance, il désire de faire appel à la fondation et il produira les titres de noblesse nécessaires aux fins de faire recevoir dans ladite maison de la noble famille ladite demoiselle sa fille, et au surplus constater qu'elle est née dans la province d'Artois.

Ce considéré, il vous plaise, Messieurs, avoir égard à la demande du supliant qui ne cesse de faire des vœux pour votre conservation.» Il est ainsy tiré conforme à l'original par le soussigné greffier de la maison de la fondation. Lille, ce dit jour, mois et an ci-dessus. Fr. du Pont. »

ACTE D'ACCEPTATION

Deuxièmement. « Dans notre assemblée ordinaire du trente-un octobre mil sept cent soixante et seize, les administrateurs et directrices ont reçu Dlle Anne-Charlotte-Ursule Testart, fille légitime de messire Charles-François Testart, chevalier, seigneur de Campagne, de la Neuville et du Valivon, et de dame Anne-Françoise-Josèphe d'Artois, née le 6 octobre mil sept cent soixante-huit, pour y être nourrie, instruite et entretenue jusqu'à l'âge de dix-huit ans, conformément aux réglements et statuts de la fondation de la noble famille, sans pouvoir être retirée par les parents avant l'âge présdit, à péril de payer la pension sur le pied de quatre cents florins par an du temps qu'elle y auroist restée. Après quoy les parents soussignés ont consenti et acquiescé le jour de la réception. De Poucques, du Pont, Denis du Peage, de Gilleman, de la Barre. »

ETAT DES TITRES

FOURNIS PAR LE PÈRE DE LA PROPOSANTE

Troisièmement. *Archives. Tome 2, page* 297 : « Etat des titres pour compléter les preuves de noblesse qu'a fournies Messire Charles-François, père de la proposante, savoir :

1° Vu contrat de mariage de Jean Testart du Rossinois de la Neuville, du 14 décembre 1683 ; 2° Une sentence des Elûs d'Artois, du 7 février 1683 ; 3° Lettre de rente de Madame du Rossinois, veuve de Jean, du 25 juin 1708 ; 4° Contrat de mariage de Messire Charles Testart de Saint-Eloy du 5 mai 1717 ; 5° Contrat d'acquisition du 1er août 1724 ; 6° Contrat d'acquisition du 15 octobre 1754 ; 7° Plus une lettre de S. M. à Monsieur de Canisy-Carbonnel, du 15 avril 1704 ; 8° Extrait baptistaire de Messire Charles Testart, chevalier de la Neuville, du 21 janvier 1687 ; 9° Contrat de mariage de Messire Charles-François, chevalier Testart de la Neuville-de-Campagne-du-Valivon, du 9 août 1762 ; 10° Contrat de rente du 19 juin 1769. »

PREUVES MILITAIRES.

Quatrièmement. — *Suite du même tome et de la même page :* « Il paraît, par la généalogie que M. Chérin (1), généalogiste et historiographe du roi a entre les mains, que deux Testart, cheva-

---

(1) M. Lainé, dans son *Dictionnaire*, dit de Chérin : « M. Chérin, qui est l'exemple et l'honneur des généalogistes, a-t-il jamais reçu un denier du public ? Non. Il était nommé et payé par le roi, et sa rigueur et sa sévérité assurent aux familles sur lesquelles il s'est prononcé un aplomb que rien ne peut ébranler. » Beau jugement, aussi juste que mérité.

liers, seigneurs de la Neuville, du Valivon, de Campagne étaient capitaines au service de Sa Majesté, de compagnies de gens de pied; que l'aïeul des proposants était enseigne dans la compagnie de Gadacourt; que son grand oncle du côté paternel était capitaine dans le régiment de Mailly dont on joint le Brevet du 15 octobre 1728; cinq autres lettres de S. M. pour souslieutenance et lieutenance dans les régiments d'Yssinghien et de Biron; que le chevalier du Valivon est mort en Bavière des suites de ses blessures à la guerre, étant décoré de la croix de St-Louis, et ayant servi S. M. l'espace de trente-deux ans; que les autres oncles des proposants sont également morts au service de S. M., en activité de service. »

SENTENCE DES ÉLUS D'ARTOIS. (1)

Cinquièmement. — *Archives, tome* 3, *page* 134 : « Nous Députés Généraux et ordinaires des Etats d'Artois, certifions que Messire Testart, chevalier, seigneur de Campagne, de la Neuville, du Valivon, demeurant ordinairement en son château du Valivon, situé en cette province, est membre du Corps de la noblesse desdits Etats, et qu'en cette qualité il jouit des exemptions et priviléges attachés audit Corps. En foi de quoi nous avons, à ces présentes signées du greffier en chef desdits Etats, fait apposer le cachet ordinaire d'iceux.

Fait en l'Hôtel des Etats d'Artois, le 25 janvier mil sept cent quatre vingt-deux.//. Herman (avec paraphe.)

Sixièmement. — Voici, sortant pour un instant de la sphère

---

(1) Quant à la sentence des Elus d'Artois du 7 février 1683, tombée de vétusté, c'était, *à priori*, l'équivalent du certificat que je reproduis ici; à la rigueur, comme je ne traite que pièces en main, l'on peut n'attacher qu'une valeur relative à son similaire consigné : ce ne serait donc qu'à titre de renseignement.

des Chartes, quelques détails complémentaires corroborant l'émission des documents précédents et qui en démontrent l'importance. Mais auparavant il est de toute utilité de rappeler ce qu'était Chérin (1) et quelle mission il était, de par le roi, chargé de remplir. A cette fin je ne puis avoir recours à une meilleure autorité qu'à celle de MM. Louis de la Roque et Edouard de Barthélemy qui disent dans leur *catalogue des certificats de noblesse délivrés par Chérin pour le service militaire 1781-1789* (Aubry et Dentu, éditeurs) :

« Bernard Chérin, généalogiste et historiographe du roi, mort dans l'exercice de sa charge, le 21 mai 1785, a laissé par ses lumières et par son intégrité un nom des plus vénérés dans la science héraldique. Investi de la confiance la plus absolue de Louis XV et de Louis XVI, il était préposé à la réception des preuves de noblesse qui donnaient accès dans l'intimité du souverain ; c'étaient les certificats de Chérin et l'agrément du roi qui donnaient le droit d'être admis aux honneurs de la Cour, c'est-à-dire aux cercles, aux réceptions, aux bals du roi et de la reine, et autorisaient la plus ancienne noblesse à monter dans les carrosses de Sa Majesté et à l'accompagner à la chasse, en vertu d'un règlement du 17 avril 1760.

« Lorsque Louis XVI imposa l'obligation de faire des preuves de noblesse de quatre degrés pour être nommé aux sous-lieutenances dans les régiments d'infanterie française, de cavalerie, de chevau-légers, de dragons et de chasseurs à cheval, Bernard Chérin fut chargé de les recevoir et de les rectifier, conformément à l'ordonnance du 22 mai 1781, rendue sous le ministère de Saint-Germain..

« Le roi, y est-t-il dit, a décidé que tous les sujets qui seraient proposés pour être nommés à des sous-lieutenances dans les

---

(1) Déjà, dans une note précédente, il a été fait allusion à Chérin.

régiments d'infanterie française, de cavalerie, de chevau-légers, de dragons et de chasseurs à cheval, seraient tous tenus de faire les mêmes preuves que ceux qui lui sont présentés pour être admis et élevés à son Ecole royale militaire, et que Sa Majesté ne les agréerait que sur le certificat du sieur Chérin, généalogiste. Sa Majesté a décidé qu'elle agréerait, en même temps, les fils des chevaliers de Saint-Louis.

« L'édit du roi portant création d'une Ecole royale militaire, donné à Versailles au mois de janvier 1751, porte, article 14, qu'il ne sera admis aucun élève dans ladite Ecole, qu'il n'ait fait preuve de quatre générations de noblesse de père. Et la déclaration du roi, concernant ladite Ecole militaire, donnée à Versailles le 24 août 1760, porte, article 9, que la preuve de quatre degrés de noblesse de père, y compris le produisant, sera faite par titres originaux et non par simples copies collationnées.

« A l'effet de quoi les parents des susdits sujets que l'on destinera à entrer au service militaire doivent commencer par adresser au sieur Chérin, généalogiste, les faits généalogiques de leur naissance, et les titres originaux justificatifs d'iceux.

« Et après que ledit sieur Chérin aura examiné et reconnu pour véritables les titres qui lui auront été adressés, il remettra son certificat auxdits parents qui le feront passer au Mestre de Camp, commandant du régiment dans lequel ils désireront que le sujet soit placé, et le certificat du généalogiste sera joint au mémoire de proposition du Mestre de Camp commandant (1). »

Après avoir cité l'ordonnance du 22 mai 1781, MM. de la Roque et de Barthélemy continuent en ces termes : « Ces certificats de noblesse, avec les quatre degrés de filiation, sont conservés en minute au Cabinet des titres de la Bibliothèque impériale. M. du Prat-Taxis, ancien généalogiste du Cabinet des ordres du roi, en

---

(1) Archives du ministère de la guerre ; imprimerie royale 1781, inquarto.

a publié un recueil en 1815, « pour rendre service à beaucoup de personnes qui ont perdu leur titres par suite de l'orage révolutionnaire »

Le livre de M. du Prat-Taxis, qui ne contient que le nom du père et de la mère du présenté, est devenu très-rare et ne se trouve plus dans le commerce. En publiant la nomenclature des familles portées dans ce recueil, dont l'authenticité est incontestable, nous avons voulu fournir aux intéressés une indication qui leur permît de faire prendre copie authentique de filiations dont la production peut leur être utile devant les juridictions compétentes. Pour apprécier la valeur légale des preuves faites au cabinet de Chérin, il suffira de transcrire ici l'instruction qui accompagnait l'ordonnance du 22 mai 1781.

Les sujets proposés prouveront au moins quatre degrés de noblesse paternelle, eux compris, et produiront :

1° Leurs extraits baptistères délivrés sur papier timbré et légalisés ;

2° Les contrats de mariage de leur père, aïeul et bisaïeul prouvant filiation et qualification caractéristique de noblesse dans les lieux où ils auront été passés ;

3° Deux actes civils à l'appui de ces contrats portant aussi tous deux pareille qualification, et l'un des deux au moins prouvant filiation ; ainsi chacun des degérs doit être prouvé par trois actes. (Les actes de baptême, de mariage, ou de mort n'étaient point admis en preuve de noblesse, mais de filiation seulement.)

4° Les arrêts, jugements ou ordonnances qui ont maintenu les familles dans leur noblesse. Ceux dont les familles ont été anoblies au degré de leurs bisaïeuls par lettres ou par charges attributives de noblesse, produiront ces lettres ou provisions, et les actes qui en prouvent l'exercice ;

5° Des extraits de rôles de tailles ou impositions roturières des paroisses de leur domicile dans lesquelles leurs familles seront comprises depuis trente ans aux chapitres des exempts comme nobles;

6° Enfin, l'inventaire de tous ces actes par ordre de date. (1)

« Mais de ce que ces certificats n'attestaient que cinq autres degrés, il ne faut pas conclure que ceux à qui ils ont été accordés, ne pouvaient pas remonter plus haut leur noblesse, car plusieurs d'entre eux, ou leurs auteurs, ont été admis aux honneurs de la Cour, faveur qui ne s'accordait qu'à ceux dont les preuves remontaient à 1400 inclusivement, sans principe connu. Le *Catalogue des preuves de Cour*, ainsi que celui des *Chevaliers des ordres du roi* seront l'objet d'une publication particulière. Dans le recueil des certificats que nous publions aujourd'hui, le nom patronimique, la mention du diocèse, la date du certificat, nous ont paru des indications suffisantes pour aider les recherches des intéressés. La mention du diocèse ne correspond pas toujours au lieu d'origine ou au berceau de la famille, mais au lieu de naissance du présenté.

« Louis-Nicolas-Hyacinthe Chérin fils, reçu en survivance de son père, n'entra dans l'exercice de sa charge qu'en 1787 et la conserva jusqu'en 1789. Edmond-Joseph Berthier, commis de cabinet des ordres du roi, fut chargé de *l'intérim* pendant la minorité de Chérin fils. » Mais reprenons.

C'est à la page 52 du catalogue de MM. de Barthélemy et de la Roque que se trouve le nom de « M. Testart de Campagne et de la Neuville (Amiens), 15 mars 1782. Chérin. »

M. Testart de Campagne — de la Neuville — du Valivon est également cité à la page 10 du *Catalogue des gentilshommes d'Artois, Flandre et Hainaut* qui ont pris part ou envoyé leur procuration aux assemblées de la noblesse pour l'élection des députés aux Etats Généraux de 1789, publié d'après les procès-verbaux officiels, par MM. de la Roque et de Barthélemy. Paris, chez Dentu et Aubry.

M. de la Neuville y fait partie de la *liste* (*page 9*) *des personnes qui ont été convoquées par lettres de cachet du roi du 17 novembre*

_____

(1) La France chevaleresque et chapitrale, 1787, p. 305-307.

1788 à l'assemblée des Etats d'Artois, dont l'ouverture s'est faite le 26 décembre 1788. — 29 décembre 1788. — 21 janvier 1789. On sait qu'il fallait être noble (page 9) de six générations et être seigneur de paroisse ou église succursale pour entrée aux Etats. Les gentilshommes y avaient date sans distinction de grade ni de qualité, du jour de leur admission et première convocation (1).

LE VALIVON (²)

Avant de nomenclaturer les propriétés que la famille a possédées ou possède encore, le Valivon de même que Campagne et la Neuville doivent être nécessairement, par leur importance, l'objet d'un narré assez circonstancié mais toutefois très-condensé, mode qui convient seul, je crois, à tout article. L'observation posée, j'entre immédiatement en matière.

Les variations orthographiques de ce nom (le Valivon) sont nombreuses ; en voici quelques-unes : Val-Hivon, Val-y-von, Vallyvon, Vallivon. Ces étymologies semblent du reste assez justifiées ; d'autres ont déjà été données.

L'antique domaine du Valivon, aujourd'hui dépendant de la commune de Campagne-les-Hesdin, arrondissement de Montreuil-sur-Mer, département du Pas-de-Calais, (pardon pour

---

(1) Voir l'Almanach de l'Artois 1789.

(2) M. le baron de Calonné parle du Valivon et de ses châtelains Testart de la Neuville dans son Dictionnaire Historique et Archéologique, ainsi que dans son Histoire des Abbayes de Dommartin et de Saint-André-aux-Bois. Il trouvera ici, je l'espère, des aperçus nouveaux qu'il saura mettre en œuvre lors d'une nouvelle édition des ouvrages précités en trop bonne voie pour en rester là.

ce long détail chorographique), appartint primordialement en grande partie à Loys Postel, écuyer, seigneur dudit lieu, un preux illustre et dont la race a donné le jour à maints rejetons qui se sont couverts de gloire dans toutes les guerres surgies alors et depuis. J'ai en ma possession quantité de documents ayant trait à cette grande famille ; peut-être serait-il possible d'en reconstituer la généalogie. Le castel du Valivon s'accrut avec la succession des années par de vastes défrichements ; l'essartage eut lieu dans l'ordre suivant : le vallon, vers Campagne et Beaurainville, dès l'ère féodale ; la plaine au-dessus du petit bois ; le côteau à l'ouest, ou côte du pont ; la plaine au-dessus du grand bois ; le versant est en face du bois de Beaurain. Ces travaux exécutés au fur et à mesure, eurent lieu dans une période de quatre siècles environ, abstraction faite du premier et des derniers défrichements.

Loys Postel, écuyer, s'absenta du domaine pour se croiser, en 1147, avec Guillaume de Saint-Omer, châtelain de Beaurain, son voisin, d'origine illustre et possesseur dans ces parages d'un territoire considérable. Le fils de ce dernier dota, en 1185, l'abbaye de Saint-André-au-Bois (ordre de Prémontré, diocèse d'Amiens, pays d'Artois), abbaye qui avait été à son origine le pauvre couvent de l'Aulnoye de Ricquebourcq-Maresquel, sis sur la rive gauche de la Canche, vallée alors fort fangeuse, pour définitivement se transférer au sein de la plaine boisée, c'est-à-dire à Grémécourt.

Le châtelain du Valivon et ses enfants achetèrent les biens parcellaires de la cense donnés par Guillaume aux religieux. Il serait long et fastidieux de faire l'énumération, voire succincte, de toutes les acquisitions opérées à cette époque et depuis ; citer les principales, c'est tout bonnement ce que je me propose. A la date de 1274, Jean Postel, écuyer, seigneur du Valivon, acquiert « pour luy, ses hoirs et ayants-cause » quelques enclaves possédées sur son manoir par l'abbaye de

Saint-André-au-Bois. De longues années s'écoulent sans mutations importantes. (1) Le 8 février 1673 et le 12 novembre 1674,
François Postel, écuyer, seigneur de Valivon et de Saint-Eloy,
achète aux moines leur maison d'exploitation avec une pâture
de 2 mesures et demie, des pièces de terre pour la plupart
confines aux siennes. Bientôt il acquiert encore des mêmes
religieux les morceaux ci-après : un bois de 5 mesures
croissant sur le versant est du *Buisson Madame* (2) ; un autre
bois de 9 mesures, situé vers la prairie appelée la routière,
aujourd'hui une bonne terre à champ. Ces bois sont défrichés
depuis assez longtemps. Une pièce de terre de 2 mesures,
située aux Avenettes ; une autre, de 34 mesures au chemin
joignant celui de Montreuil; plus, 14 mesures tenant d'une liste
à Mlle de Blanzel. Enfin de nouvelles annexes, achetées,
toujours aux mêmes, le 13 juillet 1677, continuent à agrandir
la propriété du Valivon. De sorte, que sous noble dame
Anne Françoise Postel, veuve de messire Jean Testart du
Rossinois de la Neuville, la contenance générale, louée le
1er août 1703 à Rogeré, ex-laboureur de la ferme de Beau-
repaire, est de 80 mesures à la sole ou 240 mesures totalisées,
de terres arables non compris les deux bois dont il va être dit
un mot tout à l'heure.

---

(1) J'ai là sous les yeux un titre daté du 3 mai 1586, signé de Jacques
Vainet, abbé de Saint-André. Il a été rédigé par Jacques Allain, procureur au bailliage d'Amiens, établi à Montreuil, et bailli général de
l'église conventuelle dudit Saint-André. Ce document me paraît d'un
prix inestimable, et sera une fois ou l'autre l'objet d'un examen attentif.

(2) Le Buisson Madame est ainsi nommé en hommage de ma
grand'mère, Mme de Campagne, qui avait de la prédilection pour l'endroit; aussi dirigeait-elle volontiers ses promenades de ce côté : en
effet, la contemplation se délecte par la beauté du panorama. L'arbuste
existe toujours, mais hélas! il a l'air aussi vieilli qu'attristé. — La
charrue de mon fermier n'a pas l'air de l'accommoder non plus.

A cette date, l'antique castel du seigneur Loys ou Louis Postel du Valivon tombait en ruines, autant par incursions ennemies, lesquelles ont laissé sur le champ de batailles des armes de toutes sortes trouvées lors de terrassements, que par le nombre de siècles. Un autre l'allait bientôt remplacer : c'est celui actuel. Il a été construit à deux reprises assez éloignées l'une de l'autre : la partie en briques et en pierres de taille tirées au Riez au bout du grand bois, est la première édifiée, et l'a été par messire Charles de la Neuville ; la seconde, entièrement de pierres, au pignon tourné vers l'ouest, l'a été sous messire Charles-François Testart de la Neuville, son fils. Ce n'est que quand le château d'aujourd'hui fut achevé que l'on fit diparaître l'ancien à l'état de ruines, mais dont l'on avait conservé jusque là les caves et quelques pièces pour cuisines, etc. Quant aux bâtiments de la ferme ils ont été démolis quatre fois et rébâtis à chaque fois dans des endroits nouveaux, suivant le besoin ou le goût de l'époque. Pour ne rien omettre, il convient d'observer que les quelques chétives constructions de la cense, — démembrée à plusieurs reprises, — ayant appartenu aux religieux de Saint-André par suite de la donation qui leur en avait été faite par leur bienfaiteur Guillaume de Saint Omer, il y a longues années que, tombant de vétusté, elles sont disparues. Certaines charges néanmoins subsistèrent et ne furent entièrement exonérées que plus tard.

Changeons un peu de ton, c'est-à-dire de sujet, sans toutefois nous écarter trop. Quand, en 1708, les receveurs, « manans » et habitants des villages de Beaurainville et de Beaurain-Château conçurent le projet d'exercer une perception taxiale sur une fration d'immeubles située cependant sur le domaine du Valivon, Mme Anne-Françoise Postel, veuve de messire Jean de la Neuville du Rossinois et de Saint-Eloy, adressa une réclamation à Nosseigneurs les députés des États d'Artois. Elle exposa à la Cour, que lors de la dernière « assiette » on y a porté évidemment à tort des terres inhérentes à la ferme du château du Valivon, « prétendant qu'elles doivent être soumises au proffit des deux Beaurains. » La cote, à leur dire, frapperait 12 mesures de pâtures, 30 mesures de bois et aussi 125 mesures de terres labourables occupées tant par la suppliante que par son fermier Rogeré et autres tenanciers, le tout montant au chiffre de 37 livres 10 sols.

Nᵐᵉ de la Neuville du Rossinois argua que la cense (1) du château n'est, ni de la commune, ni de la paroisse de Beaurain, mais actuellement de celle de l'abbaye de Saint-André-aux-Bois. D'ailleurs, poursuivait-elle, « le Valivon est une terre qui appartient à ma famille dès l'âge le plus reculé, à l'exception toutefois de quelques endroits provenant de ladite abbaye, endroits amortis par arrentements « éteincts et assoupis à toujours, librement exécutés par mes ancestres acquéreurs, auxdits moines lesquels sont maintenant chargés de desservir notre ci-devant ancienne paroisse en même temps que la leur, et cela est justifié par pièces sûres que voici. » Ces divers documents sont communiqués ; ils consistent en titres, plans, etc. Parmi les originaux émis et qui prouvent que la perception d'assise portée est injuste, voici un certificat remis à Mᵐᵉ du Rossinois de la Neuville par M. F. André-Thomas, abbé, et contresigné par M. Ant. Boubert, procureur, de Saint-André-au-Bois ; il est daté du 15 septembre 1708 : « Nous soussignés, certifions que quelques biens distraits du domaine du Valivon proviennent anciennement de notre abbaye, dotée jadis de ces mêmes biens par messire Guillaume de Saint-Omer, Châtelain de Beaurain, et où même il y avait

---

(1) Autrefois dans le nord de la France on appelait *cense* ce que nous appelons de nos jours *ferme*. *Censier*, vieux style aussi, répond au mot moderne de *fermier*.

une cote de rente qui a persisté jusqu'à l'arrentement qui s'était fait vers l'an 1400. Que le Valivon n'a aucun rapport avec la taxerie de Beaurain, si ce n'est en cas d'appel, et qu'il est à présent de la paroisse et de la commune de Saint-André, et enfin qu'il n'a jamais eu de relations pour le spirituel et le temporel avec ledit Beaurain, si ce n'est que pour 8 mesures de terres, encore ne sont-elles point sur le Valivon mais sur Jumel, pour lesquelles on paye aux Beaurains 32 sols à chaque centième. » *Archives, tome 2, page 50 et autres* très-longues et très-diffuses.

Continuant à revendiquer, la châtelaine prouve que la propriété du Valivon « luy vient d'héritage bien avant 1400. Quant aux morceaux fractionnaires acquis, ils n'ont jamais dépendu de la commune des Beaurains et ont été anciennement amortis par l'abbaye de Saint-André-au-Bois ; de plus, les contrats et les quittances attestent amplement que ce manoir du Valivon est maintenant de la commune et de la paroisse de ladite abbaye, mais restant distinct de la susdite en biens ; enfin, au Valivon mes ancestres y sont enterrés, les baptêmes de même que les mariages s'y font. » « En résumé il vous plaise, Nosseigneurs, dans votre prochaine assemblée avoir la bonté de me délivrer des demande, contrainte et exaction des Beaurains ; d'empêcher à l'avenir qu'ils m'inquiètent et qu'ils soient condamnés aux dépens, et ferez justice. »

Les parties ayant été ouïes et leurs textes communiqués, Nosseigneurs ont rendu une ordonnance en daté du 12 février 1709 où il est attesté que lesdits bois, terres et maisons imposés sans raison par Beaurain sont de l'abbaye de Saint-André quant à la commune et quant à la paroisse, et par conséquent la taxe réclamée porte à faux.

Voici du reste, en substance aussi, le verdict : l'assemblée générale des États d'Artois, dans sa séance du 12 février, faisant droit à la juste réclamation de noble dame Anne-Françoise

Postel, veuve de messire Jean Testart, écuyer, seigneur
du Rossinois, de la Neuville et du Valivon, dit que les receveurs de Beaurain ne sont point fondés dans leur demande
d'impôts, déjà précédemment jugée contre eux ; la cour la
rejette à nouveau ; fait, en outre, défense à quiconque
d'inquiéter et de molester ladite dame ainsi que ses ayants-
droit.

LA CHAPELLE.

Érigée primordialement par les châtelains Postel, écuyers,
seigneurs du Valivon, à la même époque sans doute que le
castel, fut dédiée à Saint-Éloy, évêque de Noyon. Pendant
fort longtemps elle resta la paroisse du vieux domaine, à
l'exclusion d'aucune autre ; durant de longues années les
baptêmes, les mariages et les inhumations s'y firent. Maintes
dépouilles mortelles des châtelains et des châtelaines reposent
là. Remarquons-le expressément : dans la suite, l'église de
Ricquebourcq-Maresquel, l'abbaye de Saint-André-au-Bois, et
de nos jours l'église de Campagne-lès-Hesdin, furent
successivement les églises métropoles de la chapelle du château
du Valivon.

Vieillie et trop exiguë, la chapelle fut reconstruite en 1664
par les châtelains de concert avec les religieux. Le millésime
1843 lui fut fatal, car elle disparut à cette date. J'ai encore, —
et je l'aurai toujours, — ce monument devant les yeux, de
sorte qu'il m'est extrêmement facile de le reconstituer jusque
dans ses moindres détails ; mais je me bornerai aux principaux.

Elle était bâtie à une soixantaine de mètres en contre-bas et
perpendiculairement à l'aile droite du château, au nord,
c'est-à-dire vers Beaurainville ; elle avait le chœur orienté à

l'est, le portail à l'ouest, le côté droit vers le midi, et le côté gauche vers le nord. En hors-d'œuvres ses proportions étaient de 10 mètres de face, de 15 mètres de long, et de 12 mètres des dalles de la nef à la voûte de laquelle divergeaient des arceaux venant se reposer sur des colonnades, arceaux et colonnades peu nombreux. Peu d'ornementations architecturales en tout.

Toutes les ouvertures étaient ogivales. La porte du porche précédé de trois marches de grès, était de chêne, à base pleine et chaperonnée de barreaux équaris dans toute leur étendue. A droite et à gauche de cette porte il y avait une fenêtre à petits vitreaux unis par des lamettes de plomb, disposition commune aux autres ouvertures.

Dans les murs latéraux, deux fenêtres étaient percées vis-à-vis dans chaque flanc. Il faut noter cependant que du côté droit les deux fenêtres furent remaçonnées à l'époque de la construction de granges, vers 1800, granges actuellement démolies aussi. Près du mur du fond était l'enceinte du chœur avec son autel qui recevait derrière le jour de l'est par une fenêtre géminée couronnée d'une rosace armoriée réprésentant les écussons Postel-Testart — de la Neuville, et de la Neuville-d'Artois. Ces armoiries étaient reproduites sur la cloche, peu volumineuse, pendillée dans une baie dirigée vers le nord ou Beaurainville. Bénitier à droite et fonts-baptismaux à gauche, près de la porte.

Dans cette chapelle, comme dans tant d'églises, les cérémonies furent défendues à la révolution de 1789. C'est sans doute pour cela que l'épithète *d'immortelle* Révolution fut appliquée ; si c'est pour cela, avouons que l'épithète aurait pu être d'un emploi plus fondé et plus heureux... Quand la trombe révolutionnaire fut passée, — passée, est-ce bien le mot ? — les célébrations furent de nouveau exercées, là comme ailleurs. A ce propos, voici textuellement la permission ; mais elle est restrictive : les temps sont si changés !..

« Hugues-Robert-Jean-Charles la Tour d'Auvergne, par la
miséricorde de Dieu et la grâce du saint-siége apostolique,
évêque d'Arras, vu le décret impérial du 19 février 1806,
Napoléon, empereur des Français, roi d'Italie, décrète :
Art. 1er. Il est permis, conformément à la demande de
Mgr. l'évêque d'Arras, de faire dire la messe dans la chapelle
ci-après désignée : dans la chapelle dépendante du château
du Valivon, canton de Campagne, appartenant à M. et Mme de la
Neuville-d'Artois. Art. 2. Notre ministre des cultes est chargé
de l'exécution du présent décret, signé : Napoléon. Par
l'empereur, le secrétaire d'État : Hugues Marest. Pour extrait
conforme : le ministre des cultes. Par ordre de son excellence
le secrétaire général attaché au ministère, signé : de Portalis
fils. Pour copie conforme au décret impérial à Mgr. l'évêque
d'Arras : Crépieux, secrétaire général. »

« Nous permettons à M. et Mme de la Neuville-d'Artois de
faire dire la messe tous les jours de l'année par un prêtre
approuvé de nous, dans la chapelle du château du Valivon,
canton de Campagne-lès-Hesdin, les jours suivants exceptés,
savoir : 1° le jour de Noël, 2° le jour de Pâques, 3° l'Ascension,
4° la Pentecôte, 5° le jour de l'Assomption de la sainte Vierge,
6° le jour de la Toussaint, 7° le jour du patron de la paroisse. La
présente permission valable jusqu'à révocation s'il y a lieu.

Donné à Arras sous notre seing, notre sceau et le contreseing
de notre secrétaire général, le 19 mars 1806. Ch. évêque
d'Arras. Par mandement de Mgr. l'évêque d'Arras : Crépieux,
secrétaire général. »

Mes parents profitèrent de l'autorisation pendant peu de
temps. Bientôt ils firent don à l'église de Campagne de leur
autel et de ses accessoires sacrés, — tableaux, habits sacerdo-
taux, vases (le saint-ciboire, les burettes), missel, livres de
plains-chants, etc. L'offre venait à point, aussi fut-elle reçue
avec bonheur de la part de M. le doyen et avec beaucoup de
reconnaissance de tous les habitants de Campagne.

LES BOIS.

Le petit bois croît à quelques mètres de la façade méridionale du château. J'y ai vu dans ma jeunesse des hêtres de grosseur prodigieuse, entre autres ceux de la lisière, au nombre d'une vingtaine, et en regard de l'habitation : ils devaient, si je ne me trompe, avoir quatre ou cinq siècles. Leur stature, rendue encore plus gigantesque par la surélévation du sol, était vraiment admirable : les yeux ne se lassaient pas de contempler leur coupole majestueuse.

Puisque je parle arbres, il est à propos de mentionner un autre souvenir, — oui, un souvenir ! — qui date d'une époque moins éloignée. Or, il y avait au milieu de la basse-cour un noyer contemporain des premiers hôtes du Valivon. Son tronc dont le cœur s'était ulcéré par suite de vieillesse, mesurait près de 2 mètres de diamètre ; les épaulements énormes s'étaient rajeunis dans leurs extrémités ; les racines, de même que les branches charpentières, occupaient un périmètre de 60 mètres. Plusieurs arbres fruitiers des pâtures portaient aussi un âge respectable. Ah ! les beaux pommiers, poiriers, cerisiers !..

Le grand bois, lui, a été défriché en 1843. Il s'étendait sur le coteau est, à partir des haies de Campagne jusqu'au riez. Il était partagé en croix par deux avenues, l'une dans sa largeur et l'autre dans sa longueur : la première, partant de la pelouse, traversait à pic et allait déboucher en droite ligne vers le Buisson Madame dont il a été parlé plus haut ; et la seconde, longeait d'un bout sur Campagne et de l'autre vers Beaurainville d'où les côtes boulonnaises apparaissent aussi belles que variées.

Bref quand dix maîtres, le cor en sautoir ou aux lèvres, et

vingt commensaux (1) joyeux partaient pour ces bois et ceux
des alentours, escortés de piqueurs et de valets suivis de la
meute de chiens boulonnais, c'était un spectacle gai pour le
cœur, charmant pour les yeux et flatteur pour les oreilles,
car les échos et quels échos ! s'y prêtaient tant...

CAMPAGNE-LÈS-HESDIN.

Le nom de ce village exprime, avec beaucoup de rectitude,
un sens ; en effet, l'on croit voir une surface plane et étendue.
C'est presque, à la lettre, un mot latin, signifiant : champ,
plaine, campagne.

Mais si nous sommes fixés quant au nom qu'imposèrent les
Romains, vainqueurs des Gaules, des doutes nombreux sur-
gissent sur la désignation nominale antérieure et originaire,
c'est-à-dire sur l'appellation celtique ou gallique.

Après tout, cela n'a rien de surprenant car il est de notoriété que les Romains, en subjuguant les Gaules, et en se les
assimilant, interdirent l'idiôme indigène qui fut remplacé par
le latin ou la langue officielle.

Si le nom primitif de Campagne, orthographié parfois
Campaigne, semble inconnu ou du moins oublié par suite de
sa grande antiquité, il est cependant une chose certaine : c'est
que Comius, chef des Artésiens, vaincu par César, put néan-

---

(1) Parmi enx : M. de Fercourt, une trompe admirable et un louve-
tier intrépide ; M. de l'Étoile, un veneur infatigable et un tireur sans
rival aux bécassines, épaulant le fusil avec autant de dextérité à
gauche qu'à droite ; Mme de Drack, la célèbre chasseresse, une louve-
tière modèle, et dont les appartements de son château étaient tapissés
de chasses à courre. Il fallait voir ! les massacres nombreux attachés aux murs, attestant ses hauts faits cynégétiques.

moins, en considération de sa valeureuse défense, sauvegarder le maintien des lois et des coutumes locales. C'était beaucoup.

Grâce à ces mesures conciliantes, une sorte d'entente commença de s'établir entre vaincus et vainqueurs. Aussi, au lieu de récriminations haineuses presque inévitables, qu'un mélange de nationalités diverses pouvait provoquer, l'on vit fleurir avec un nouvel éclat les arts et les sciences, et particulièrement l'agriculture.

La charrue gauloise, la merveille d'alors et que ce temps-ci emploie encore, traça des sillons dans maints et maints nouveaux défrichements qui s'accrurent successivement avec le développement de la population et avec le progrès de la civilisation. Aujourd'hui l'essartage semble s'être accompli avec tant d'acharnement que l'on commence à en apercevoir l'abus. Suivant moi, les essarts auraient dû s'arrêter dès les premières années de notre siècle.

Un des grands faits datant de la conquête romaine, conquête conservée près de cinq siècles, fut le tracé de grandes voies stratégiques, entre autres la voie militaire appelée chaussée Brunehaut, reliant Amiens à Boulogne-sur-Mer. Cette chaussée se dessinait dans la zone méridionale du village de Campagne ; il n'en reste plus vestiges du moins là ; elle a été remplacée par la route nouvelle, de Saint-Remy à Brimeux. Remarquons, en passant, que la tradition accorde à la reine Brunehaut d'avoir construit, réparé, entretenu des chaussées ou levées ; toutefois l'assertion, juste dans certaine mesure restrictive, ne doit pas être prise tant s'en faut à la lettre.

Remarquons, en second lieu, que les routes devaient être fort difficiles à établir, les parties du sol les plus élevées étant les seules qui fussent praticables, car les autres formaient des bas-fonds marécageux : les hauteurs étaient boisées, les vallées proprement dites étaient couvertes de roseaux et d'herbes, les vallons recevaient le trop plein des eaux qu'elles ravinaient. La formation successive et parrallèle des rideaux sur les collines, prouve le travail des grandes eaux s'efforçant de reconquérir des sommets abandonnés : les premiers rideaux, près du point culminant de la montagne, sont les premières limites que les eaux se tracèrent ; ceux inférieurs sont ultérieurs et ont suivi l'abaissement graduel de la masse aquifère. Cet examen rapide nous conduit naturellement à l'observation suivante : la position topographique de Campagne a dû, et la raison est probante, dès les temps très-reculés, en déterminer l'habitat, et c'est en effet ce qui a eu lieu. L'histoire est ici d'accord avec la géologie.

Tels sont, entre principaux et remarquables souvenirs de ces temps barbares, les traits que j'ai cru devoir évoquer ; ils peuvent être considérés comme bornes de repères, rappelant des époques aussi reculées que remarquables.

Nous allons continuer à jeter un coup d'œil sur quelques transformations apparues d'âge en âge : à l'aide de ces préliminaires, nous aurons la clé des Archives seigneuriales du village de Campagne. Le résumé analytique que nous en donnerons, sera forcément écourté pour trouver place dans la Revue ; il suffira cependant pour donner au lecteur une idée nette de l'histoire de la seigneurie de Campagne.

A l'époque de la domination des Romains le territoire civil, militaire et religieux de la province de Picardie où est situé le comté de Ponthieu (1) s'étendait au nord jusqu'à la rivière de Canche : Campagne se trouvant en-deçà de cette limite était donc compris dans la circonscription.

Les commencements du Christianisme, dont la mission était de régénérer le monde, furent difficiles dans cette contrée. Les

_____

(1) Le Ponthieu est essentiellement celtique. Il était gouverné au moyen-âge par des comtes héréditaires et de sang royal.

apôtres Victorice et Fulcien, interprètes zélés de la diffusion du Christianisme confessent leur foi par le martyr à Amiens en 302. Mais les principes sacrés qu'ils laissèrent, devaient porter des fruits abondants dans l'avenir.

Une heureuse circonstance vint favoriser l'essor de la nouvelle religion : Clovis fonda la monarchie franque. En l'an 486, le roi expulse les Romains du centre de la Gaule et annexe l'Artois à la couronne ; et bientôt après, il embrasse la religion chrétienne qu'il protége, lui et ses successeurs.

Sous des auspices si tutélaires, les édifices consacrés à Dieu s'élèvent de toutes parts. La somptueuse abbaye de Saint-Riquier en Ponthieu, diocèse d'Amiens suffragant de Reims, prend l'initiative pour ériger à Campagne une église sous le patronage de Saint-Martin de Tours. Les années s'écoulent propices.

Hélas ! cette ère pacifique du moyen-âge, ne devait pas toujours durer : les irruptions, en 880, de hordes normandes, dévastent le pays et déciment les populations. Par suite de ces calamités, la paroisse de Campagne est forcée de s'incorporer en 915 à celle de Ricquebourg-lès-Maresquel, possession aussi de Saint-Riquier et dédiée également sous le vocable de Saint-Martin. M. de Calonne dit dans son *diction-naire historique et archéologique*, page 63, que « Ricque-bourg était le siége de l'importante paroisse autrefois établie sous le vocable de *Saint-Pierre*. » Je ne suis pas à même de contrôler cette opinion, exacte sans doute, mais qui vraisem-blablement s'applique à une période postérieure ; la paroisse aurait eu deux patrons : le premier, Saint-Martin ; le second, Saint-Pierre.

On ne connaît point la date précise de l'érection de la première église à Campagne. Néanmoins par ce qui précède, il faut induire qu'elle était déjà prospère aux VIe et VIIe siècles, ce qui prouverait incontestablement qu'elle avait suivi la grande impulsion imprimée au culte. Qu'importe; si déjà à cette époque on peut signaler la naissance d'un grand nombre d'églises, dans les années qui suivront, l'on verra de plus surgir de toutes parts des édifices religieux.

C'est ainsi, par exemple, et sans sortir du lieu même, que, dans le cours du xiᵉ siècle, au beau temps de la féodalité, des donations considérables sont faites par de hauts personnages de la localité, à l'abbaye de l'Aulnoye, siége primordial et qui, du bord des marais, opère sa translation abbatiale à Grémécourt-lès-Gouy, lieu qui définitivement s'appellera abbaye de Saint-André-au-Bois. Comme pour seconder ces généreuses libéralités, des circonstances favorables vinrent ajouter un accroissement de territoire d'une importance considérable pour la contrée.

1224-37-44. La comtesse Marie, fille de Guillaume III comte du Ponthieu, et épouse de Mathieu de Montmorency, donne au comte Robert, surnommé le Bon et le Vaillant, frère du roi Louis IX, toutes ses possessions au delà de la rivière de l'Authie et dépendantes du comté du Ponthieu. Ces biens apanagers, annexés à ceux de Robert comte de l'Artois (1) eurent pour conséquence l'intromission du village de Campagne.

Toutefois, par clause particulière, le comté ainsi augmenté, n'en devait pas moins et malgré son agrandissement considérable, *foi et hommage* aux rois de France, ce, pour le tout, c'est-à-dire possessions ancienne et nouvelle, bien que cessant de faire partie intégrante et immédiate du royaume.

L'Artois, relevant de la couronne, dès Philippe-Auguste en 1180, fut érigé en pairie en 1297. En outre, il fut érigé en province et sénéchaussée royale en 1477. Enfin, en 1530,

---

(1) A partir de Saint-Louis, ses descendants se qualifièrent de comtes d'Artois. Le roi Charles X, de chevaleresque mémoire, est le dernier. Au comte de Chambord à faire suite.

il fit partie du Bailliage royal provincial, ou district d'Amiens. La province d'Artois réunie à celle de la Picardie ne firent d'abord qu'un seul gouvernement, puis elles se séparèrent en 1765 pour former chacune un gouvernement distinct.

Considéré au point de vue du régime féodal, Campagne appartenait de temps immémorial en seigneurie aux comtes du Ponthieu, ainsi qu'il y a déjà été fait allusion. Ce sont ces seigneurs plus que suzerains, puisqu'ils ne dépendaient de personne, point même du roi dont ils étaient les égaux, qui affectèrent, dis-je, leur quote part dans le service des dîmes inhérentes à la *ferme de l'Hôpital* (ou, suivant le dialecte campagnard : *Hôpiteau*), dîmes qu'ils ajoutèrent aux mouvances de la mense du prieuré de Beaurain. Or, les nouveaux bénéficiaires furent les Templiers de la commanderie de Loison ; les gratifications affluaient vers eux de tous côtés, et c'était justice. Que de gentilshommes se dessaisissaient de leurs biens pour en doter les établissements religieux, ces dispensateurs publics, riches à la vérité, — mais riches pour les autres. La maison domaniale des comtes du Ponthieu, démolie jusqu'au ras du sol par l'ennemi, ne fut pas reconstruite ; seulement ils lui substituèrent des bâtiments à usage de ferme, appelée *Ferme de l'Hôpital des pauvres de Campagne.* Une partie des dîmes et autres redevances inhérentes, fut abandonnée à Beaurain. Cette ferme a été récemment déconstruite ; il n'en reste plus qu'une modeste chapelle de pierres de taille.

Par suite de la suppression de l'ordre des Templiers, en 1312, leurs domaines passèrent par réversibilité aux Hospitaliers de Saint-Jean-de-Jérusalem ainsi qu'aux Chevaliers de Malte.

Enfin, sous les règnes de François Ier et d'Henri II, c'est-à-dire au temps de la Renaissance, la seigneurie de Campagne appartient successivement aux familles suivantes : aux de Beaumont, aux de Razoire, aux de la Neuville leurs parents et leurs successeurs.

LES CHEVALIERS DE BEAUMONT DE CAMPAGNE

Voilà assurément une famille des plus considérables du pays. Elle est aussi grande et aussi connue que les maisons des Croï (1), des Créqui, des d'Harcourt, des Lorges, des Mailly, des du Biez, des Monchy de Montcavrel, des Postel.

Chaque chevalier de cette ancienne maison s'est illustré. N'est-ce pas exhumer les ombres des : Robert, Roger, Mathieu, Jean, Guillaume, Philippe, François ou Franchois comme on le prononçait et l'écrivait autrefois.

Oui, remettre en mémoire tous ces noms glorieux, c'est se retrouver en pleine chevalerie, corps d'élite de guerriers bardés de fer, si désireux d'accomplir toujours de beaux faits d'armes. Aussi une émulation extraordinaire règne-t-elle durant des siècles, en concourant à la formation et à la puissance de la France.

Pour quiconque aime ce noble pays et y compte des aïeux, l'époque est admirable, soit dans son essence, soit dans ses résultats : telle est l'œuvre de la féodalité et de la Monarchie.

Quittant ces idées générales, qui sont à peine indiquées par cette allusion, j'arrive aux chevaliers de Beaumont.

La date de leur arrivée au siége de la seigneurie de Campagne n'est pas précise ; la plus reculée qui me soit tombée sous les yeux est celle de 1456, répétée en marge du vieux titre ; ce millésime est très-lisiblement peint, de sorte que tout doute est impossible.

---

(1) Ce nom doit porter un tréma sur l'i, puisqu'il se prononce Cro-i; cependant, on le rencontre souvent sans. Quelquefois, il se voit sous ces formes : Croy, Crouy.

Voici le texte de ce document :

« Extrait du récépissé du dénombrement de Campagne, servi au seigneur de Beaurain, par Guillaume de Campagne, en date du xx6ᵉ octobre 1456 :

« Les seigneurs de Loison, à raison de leur maison de l'Hospital de Campagne, me doibvent chacun an six setiers d'avoine au tems de la Saint-Rémy pour seize journeaùx (1) de terre, ou environ, au terroir de Campagne, d'un bout aux terres fieffales nobles de Caliques et à Mathieu de Beaumont, et d'autre bout au quesmin (chemin) qui mène dudit lieu de Campagne à Monstrœuil ; d'autre liste, à la voie beaurainoise. Sur lequel se prend terrage dont Mathieu de Beaumont m'a payé un an de rente xx m y, par moitié au Noël et l'autre moitié à la Saint-Jean-Baptiste. »

On voit donc par ce manuscrit que les chevaliers de Beaumont étaient possesseurs, à l'époque en question, de la terre et de la seigneurie du village de Campagne ; on voit aussi que les Commandeurs de Loison avaient alors l'hôpital. Sur d'autres passages du document précité figurent les dates : 6 octobre 1511 et 31 août 1630, ayant trait aux noms des successeurs des parties intéressées, ainsi qu'aux mêmes immeubles.

Il est opportun de rappeler ici le mariage de Jean Testart de La Neuville-du-Rossinois, en date du 2 janvier 1530, avec demoiselle Marguerite, fille de Jean de Beaumont de Campagne et de demoiselle Charlotte de Bouthilliers.

Le seigneur de Campagne jouissait des avantages suivants : arrentements, plantis, canons, chasses, redevances. Ces droits seigneuriaux et féodaux, ajoutés au revenu en argent et en nature de la terre même, d'à peu près cent vingt mesures en

---

(1) Jadis : journal, au singulier ; journeaux, au pluriel. Aujourd'hui, journal, journaux.

culture et y compris douze mesures de manoirs, n'étaient certes pas à dédaigner.

Voilà pour le positif. Voici maintenant ce qui concerne les droits d'hommages. Ceux honorifiques de l'église étaient sans contredit extrêmement brigués ; c'étaient : de faire peindre ou de faire sculpter ses armoiries au dedans ou au dehors de l'église, ce que l'on appelait *droit de litre ;* de recevoir, à l'exclusion de tout autre, la sépulture dans le chœur ; le droit de banc, et l'offre d'encens ; le pas à l'offrande, ainsi que dans les processions ; l'adresse de prières nominales ; la présentation, en premier, de l'eau bénite et du pain bénit.

Mais ce qui caractérisait au suprême degré la puissance, c'était le siège d'une cour féodale, tribunal devant lequel un seigneur appelait ses vassaux ; car suivant les coutumes artésiennes, seigneurie et justice sont « réciproques », ou en d'autres termes : Celui qui possède un fonds seigneurial en a aussi la justice, la juridiction.

Les audiences avaient lieu de quinzaine en quinzaine à Campagne, chef-lieu de juridiction, et ressortissant de la sénéchaussée de Saint-Pol. Un bailli ou officier à longue robe, un lieutenant ou deuxième officier, un sergent ou bas-officier, tels étaient les magistrats constituant la Cour de Campagne.

En cas d'appels, les affaires pendantes étaient présentées à la Cour de la Châtellenie de Beaurain, et de là à la Cour du comté de Saint-Pol. (Le comté et la juridiction de Saint-Pol s'étendaient jusqu'à Abbeville.) Et enfin, le procès recevait son dénouement à la Cour du Conseil provincial supérieur, siégeant à Arras.

Pour compléter ces détails touchant l'ancienne magistrature, il convient d'ajouter que, par suite de la guerre de 1635, un démembrement partiel de la province de l'Artois eut lieu.

Ainsi, lors de la capitulation d'Arras, le 9 août 1640, il fut stipulé que le siège du conseil d'Artois serait inamovible, c'est-à-dire qu'il y serait maintenu. Néanmoins il y eut scission, division en deux. Un certain nombre de députés du Conseil supérieur s'en allèrent *ex abrupto* siéger à Saint-Omer, quoique fonctionnant toujours au nom du roi d'Espagne, dont notre province souffrait les cruelles représailles.

Ces deux sections juridiques s'appelèrent : l'une, le *Conseil des États d'Artois, d'Arras ;* l'autre, le *Conseil des États d'Artois, de Saint-Omer.* Ce dernier fut supprimé le 21 avril 1677.

Terminons ce sujet en remémorant que les États d'Artois étaient composés de trois ordres : du clergé, occupant la droite ; de la noblesse (1), rangée à gauche ; du Tiers-État. Les États, en outre, comptaient huit magistrats, fournis par les principales villes de la province. Ils ne pouvaient, de plus, entrer en session, suivant arrêt du 12 janvier 1664, que sur l'ordre de convocation par lettres-patentes du roi adressées à ses commissaires.

Personne n'ignore que la mission dévolue aux États d'Artois, était de s'occuper d'affaires administratives, par exemple, d'allouer chaque année des subsides. On pense, généralement, que l'institution remonte au 1er décembre 1638, année où Charles V, d'accord avec les habitants d'Arras, il fut voté 14,000 livres afin de couvrir les frais des guerres antérieures. Notons que l'Artois n'avait à payer ni aides, ni douanes, ni gabelles. Après cette excursion, qui nous a un peu éloignés de la seigneurie de Campagne, rapprochons-nous de ce village.

Sûrement, les fiefs nobles enclavés et dépendants de la seigneurie de Campagne, n'y manquaient pas. Je puis en compter dix, qui sont :

1 Le fief de Ramecourt.
2 Le fief de Thérouane.

(1) Les gentilshommes étaient au nombre de soixante-dix.

3 Le fief de Bournonville.

4 Le fief de la Marlière.

5 Le fief de Colomby.

6 Le fief du Castel.

7 Le fief d'Azincourt.

8 Le fief de Calicqùes.

9 Le fief de Monville.

10 Le fief du Fay.

Tout seigneur avait son registre ou terrier, cœuilloir ou répertoire, ou polyptique, consacré aux aveux et aux dénombrements. L'aveu était un acte par lequel le vassal avouait occuper un bien fieffal ; le dénombrement consistait dans l'énonciation détaillée de cet héritage tenu en foi et hommage, ou « en rotture et cotterie. »

Ainsi donc, sur ce registre étaient mentionnés : le nom du tenancier avec sa profession et son domicile, puis le nom du seigneur avec ses qualités et sa demeure. Ensuite venaient le nom et l'étendue de l'immeuble avec ses limites et ses termes de rendages divers.

Le seigneur avait parfois, lui aussi, à présenter un aveu et un dénombrement à quelque autre seigneur : c'est ce que l'on appelait, en terme féodal, une mouvance ; souvent il y avait réciprocité. Et comme le régime féodal consistait en une subordination hiérarchique, cette chaîne de protecteurs et de protégés liait tout le monde, toute la société : Le seigneur, qui relevait directement du roi, devait à ses vassaux justice et protection ; le vassal devait se rendre à l'appel dès qu'il en avait reçu l'ordre.

Tous les efforts des rois, secondés presque toujours par d'habiles ministres, tendirent à améliorer, voire même à transformer le mode gouvernemental. (Le roi Louis XVI mettait la dernière main à de grandes réformes, lorsqu'il fut entravé dans sa belle et dans sa généreuse entreprise.... Le roi Louis XVI avait dit à son peuple : « Cherchons ensemble ce qu'il y a de meilleur ;

je vous consulte tous ; répondez-moi ; je mets mon pouvoir au
service de vos vœux : travaillons et entendons-nous pour pré-
parer à notre patrie de beaux destins. »)

Entre autres propriétés, les chevaliers de Beaumont possédaient à Campagne une ferme attenante à leur « antique maison domanialle » (1), ferme louée à Jean Pocholle et à Marie De-
lacroix, sa femme, ferme d'une contenance générale de cent vingt
mesures, ainsi qu'il a été signalé dans les pages précédentes.

Par bail du 26 novembre 1648, cet immeuble produisait un
revenu annuel de quatre cents florins et en outre des percep-
tions de diverses natures au profit de la bailleresse, damoiselle
Jeanne de Beaumont, dame de Campagne.

Des anticipations contre la propriété étaient extrêmement
rares. Voici cependant un cas d'empiètement, mais au fond,
croyons-nous, il est né plutôt d'une erreur que d'une volonté
arrêtée, intentionnelle.

Philippe de Beaumont se voit dans la pénible nécessité d'assigner, en date du 8 mai 1693, Pierre Quiesnot, demeurant au
village de Ricquebourcq, pour qu'il ait à « comparoir » devant
Messieurs les officiers de la maîtrise des Eaux et Forêts « de
Hesdin. »

Dans l'exposé des griefs, messire de Campagne paraît s'é-
tonner « malgré sa bonne possession et saisinne de jouir » d'un
petit bois d'environ sept mesures et demie, appelé le bosquet
Lambert, situé au terroir dudit Ricquebourcq (2), que Pierre
Quiesnot se soit ingéré de son autorité privée de couper plusieurs *brins* de bois (baliveaux à tige unique, provenant de
graine et non sur souche), au point d'en charger un chariot
attelé de quatre chevaux.

---

(1) C'est dans cette demeure domaniale que les vassaux tributaires
venaient rendre hommage à leur seigneur.

(2) S'écrivait parfois : Ricbourg, Risbourg, Riquebourg.

Cette plainte, formulée dans des termes courtois et contenus, n'en exprime pas moins le désir de voir appliquer la loi au délinquant qui est, en effet, condamné à l'amende et aux frais. (*Archives, tome IV, page 473*).

L'année suivante, à la date du 23 novembre 1694, l'intrépide Quiesnot, déjà nommé, se voit aux prises avec une affaire d'un autre genre. Cumulant les fonctions de receveur, de fermier et de garde-chasse de Madame la marquise de Pierfitte (sic), châtelaine de la seigneurie de Ricquebourcg, du village et de la paroisse de Maresquel, il reçoit une plainte de la part de M. le Procureur du roi « en la maîtrise des Eaux et Forêts établie à Hesdin, » pour avoir, lui et quelques autres, chassé à Maresquel et à Bureuilles dans le cours du mois d'août, foulant les blés et autres céréales, « au grand dommage des intérêts publics. » Le délit semble flagrant, n'est-ce pas ?

Mais Quiesnot n'était pas homme à crier merci sans avoir lutté avec la dernière énergie. Répondant « au libellé, » il déclare sans ambages qu'il assume sur sa propre personne toute la responsabilité, et qu'il « prend fait et cause pour les chasseurs qui l'avaient accompagné. »

D'abord, on n'a point chassé sur la seigneurie de Maresquel ; on a seulement arpenté, le fusil au bras, les propriétés de Madame la Marquise, propriétés où personne, que l'on sache, n'a le droit de porter de l'inquiétude.

Ensuite, et sous forme de réflexion, Quiesnot, qui paraît avoir la langue bien pendue, objecte qu'il ignore même si le pouvoir de Messieurs les officiers de la maîtrise n'est pas outrepassé, dans cette prétention d'exercer une surveillance autre part que sur les domaines de Sa Majesté, ainsi que sur ceux de la couronne ; car, au fait, les seigneurs des particuliers ont aussi des officiers spéciaux et distincts des justiciers des biens de l'Etat. — *Archives, tome IV, page 431 et autres.*

A preuve que la position de Pierre Quiesnot est impeccable

et tout à fait des plus régulières, il émet toutes les pièces justificatives possibles.

La première (*Archives, tome IV, page* 429) constate, en effet, un droit de chasse qui date du 10 octobre 1681, émanant de noble dame Marie de Neuville, veuve de messire Charles-Antoine du Chastelet, chevalier, marquis de Pierfitte, maréchal des camps et des armées du roi, colonel de son régiment royal, gouverneur de Gravelines, etc.

Le deuxième document (*Archives, tome IV, page* 423), qui a été du reste collationné le 1er octobre 1693, est un bail de fermage accordé au profit de Quiesnot, ce, moyennant un rendage annuel de quatre cents florins, plus les impôts et autres charges.

La troisième pièce est une lettre de sauvegarde, du 16 décembre 1692, dont teneur *in extenso* (*Archives, t. IV, p.* 427) :

« Nous, comte de Lomont (1), supplions tous Messieurs les officiers des troupes de Sa Majesté de vouloir bien empêcher qu'il ne soit fait aucun désordre par les troupes qui pourroient passer par la terre de Ricquebourcg, qui nous appartient.

« De prendre les officiers et notre receveur, le nommé Pierre Quiesnot, ainsi que les habitants de notredite terre, sous leur protection : nous leur en serons très-obligé.

« Du CHASTELET, Comte DE LOMONT.

« Scellée en cire d'Espagne rouge, de nos armes. »

J'ignore l'issue de ce procès.

---

(1) Le comte de Lomont était alors colonel du régiment de Ponthieu d'infanterie, brigadier des armées du roi et commandant de Namur.

LES CHEVALIERS DE RAZOIRE DE CAMPAGNE

On a orthographié de diverses manières ce nom que je
trouve écrit ainsi dans une quantité d'anciens papiers :
Rasoir et Rasoire, Razoir ou Razoire. Malgré ces formes
multiples il est fort reconnaissable, hasard dont l'art gra-
phique peut être fier.

Les chevaliers de Razoire possédèrent pendant un certain
nombre d'années la seigneurie de Campagne avec ses richis-
simes dépendances, ce qui en faisait l'une des plus magnifiques
de la province. Ils contractèrent d'importantes alliances matri-
moniales. Leurs droits féodaux étaient importants, ils en étaient
fiers à juste titre et surent, plus d'une fois, les faire respecter.

C'est ainsi que l'un d'eux, Nicolas-Joseph de Razoire,
écuyer, seigneur de Forest et autres lieux, formule en mai
1704, « une requeste en complainte » bien motivée, à propos
d'un déni de priviléges dus à son pupille et dont prétendait le
léser un certain Jean Darry, « laboureur » à Campagne.
Faisons connaître cette affaire, grosse de détails aussi
inattendus qu'intéressants.

Une fois, ledit Jean Darry, lieutenant de l'abbaye de Saint-
André-au-Bois, voulant « adroitement » s'exonérer du service
militaire, invoqua à son avantage le réglément suivant de nos
seigneurs les députés généraux et ordinaires des Etats
d'Artois : « Tout officier de seigneurie de paroisse est exempt
de tirer au sort, et par conséquent non astreint à faire partie
de la milice. » Par malheur, cet édit n'est pas tout à fait
applicable dans l'espèce ; de plus, l'exposé de la « requeste »
de Darry, n'est qu'un tissu insidieux, de sorte que le « demandeur » qui s'aventure à battre en brèche les titrés et les

prérogatives de son seigneur et maître, va au-devant d'un échec où il s'enferrera jusqu'à la garde.

Relatons les dires invoqués. Darry déclare qu'étant lieutenant, il n'est point assujetti à tirer au sort ; c'est donc à tort qu'on l'a porté sur la liste « milicienne. » De conséquence en conséquence il prouve, clair comme le jour, que c'est avec raison plausible qu'il s'est refusé de s'adjoindre aux jeunes conscrits de son âge, au sujet d'une indemnité proportionnelle à verser en faveur de deux miliciens recrutés. Il ajoute qu'aussitôt son refus, les nommés : Joseph et Martin Blaud, Antoine Attagnant, Pierre Ledoux et Philippe Tavernier, « jeunes gens à marier, » lui ont enlevé par voies de fait *deux plats d'estains ;* que, pour comble de gravité, les mêmes jeunes gens firent publier l'Ordonnance de MM. des Etats, puis exposèrent les plats en vente, lors de la sortie de la messe solennelle de Pâques ; qu'enfin, et c'est là encore un outrage irrémissible, les incriminés le tournèrent en dérision.

Naturellement, et sans le moindre retard, Darry dut porter plainte et faire exercer une répression « exemplaire » contre de pareils méfaits : aussi présenta-t-il requête à M. l'Intendant de la châtellenie de Beaurain. Mais les dissidents ou les « téméraires, » comme ils les surnomme, loin d'obtempérer à la sommation, ripostèrent par une contre-assignation en règle, basée sur ce que les jeunes tireurs au sort s'étaient assemblés dans des conditions réglementaires et avaient d'un commun accord résolu d'accorder aux deux conscrits, demandés à la commune pour le service de l'Etat, une somme de 240 livres à titre de fiche de consolation. Bien entendu, Darry devait participer au paiement pour sa quote-part puisqu'il est inscrit sur la liste de milice, car il n'est point lieutenant de la seigneurie et de l'église de Campagne, bien qu'il le prétende et bien qu'il veuille en usurper les fonctions, cette charge ayant été conférée exclusivement à Rogeré-Sorel, lieutenant général du chevalier Razoire, seigneur de la terre et de la paroisse de Campagne. Telle est en raccourci l'origine du conflit.

On voit qu'il y a là matière à un bon procès, et peut-être même à l'intervention du premier archer de la maréchaussée. N'anticipons pas sur la marche ultérieure des événements. — *Archives, tome II, pages* 71-80.

Ainsi nos procéduriers vont indubitablement être renvoyés par Messieurs de la Châtellenie pour être jugés en dernier ressort, en Cour des Etats. Comme on s'y attend également, la procédure ne tardera guère à prendre un surcroît d'intensité par l'arrivée soudaine, dans le débat, de messire de Razoire sommant Jean Darry à « comparoir » devant la juridiction de Nosseigneurs, pour qu'il ait à s'expliquer sur son esprit processif et sur ses entreprises attentoires.

Or, à son tour, Razoire de Forest, écuyer, seigneur de Forest et autres lieux, demeurant à Valenciennes, « remonstre » humblement à Messeigneurs les président et gens du Conseil provincial d'Artois, qu'entre autres biens patrimoniaux provenant du chef des Razoire-Beaumont, les terre et seigneurie de Campagne appartiennent à son pupille, Louis-François-Joseph de Razoire, écuyer, portant seul les qualités de seigneur du village et de la paroisse dudit Campagne. C'est comme seul seigneur, qu'il est recommandé dans l'église paroissiale à l'exclusion de tout autre; il a aussi, seul, ces droits honorifiques : C'est à lui, le premier, que le pain et l'eau bénits sont présentés. Ces divers honneurs ont toujours été, en tout temps, paisiblement possédés par ses auteurs et par lui « aux veus et sceus d'un chacun, sans contredit sans qu'aucun aultre que luy et ses ancestres ayt esté qualifié seigneur du village et de l'église de Campagne. »

Cependant, malgré une possession si ancienne, si paisible, si incontestable, le nommé Jean Darry « seullement » lieutenant des propriétés possédées dans le pays par Messieurs les

abbé et religieux de Saint-André-au-Bois, a ourdi inopi-
nément une discorde des plus inouïes vers la fin de l'année
dernière et vers le commencement de celle-ci, dans la perspec-
tive de ne point prendre part au tirage au sort et pour ne
point contribuer à une cotisation au profit de deux miliciens de
la commune exigés par l'Etat. Le rebelle se basait sur l'excuse,
plus que problématique, « malicieuse, » qu'étant lieutenant
de Messieurs de Saint-André, il l'est aussi de la seigneurie de
Campagne, prétention qui est une erreur manifeste et qu'il
convient de flétrir avec toutes les rigueurs de la loi.

Mais ce qui est non moins étrange et audacieux ! Darry a
osé ajouter que « maistre Jean Rogeré, lieutenant du remons-
trant, » en sa terre et en sa seigneurie de Campagne, n'est
point le lieutenant de cette seigneurie, mais « seullement » le
lieutenant d'un fief noble nommé Colomby et non le lieutenant
de la seigneurie de Campagne : à ce compte, si on s'en rapporte
aux assertions alléguées, Razoire ne serait point le seigneur
de Campagne et de l'église dudit lieu, et par conséquent n'en
aurait ni la dignité ni la justice. Cela est faux, controuvé !
Voici une autre allégation, encore exposée dans l'acte atten-
tatoire, laquelle est tout aussi erronée et tout aussi odieuse :
« La principale seigneurie, par son étendue et par ses prérogatives, est celle de Messieurs de Saint-André. » N'est-ce pas
à peu près insinuer que Darry est lieutenant de Campagne, ce
qui est une iniquité et « contre la notoriété publique. » En
définitive, la Cour aura à statuer, « lequel, d'entre le re-
monstrant et laditte abbaye, doit estre tittré de seigneur de
Campagne ; elle aura aussy à décider lequel, d'entre Rogeré
et Darry, est lieutenant de la seigneurie et de la paroisse de
Campagne. »

Toutes ces raisons présentées, le remontrant conclut à ce qu'il
plaise à la Cour de le maintenir et de le garder dans tous ses
droits de possession ; de continuer à prendre seul la qualité de

seigneur de Campagne, et de faire prendre par Rogeré-Sorel la lieutenance dudit lieu ; de condamner Jean Darry à la réparation du trouble qu'il a suscité, et aussi, de le taxer à « l'amende coustumière. » — *Archives, tome III, pages 235-240.*

Passons aux débats. Mᵉ François Denempont, procureur (1) au Conseil d'Artois, présente le sac (ou dossier) de la défense de Darry. Le défenseur s'efforce d'atténuer la gravité des insinuations avancées par son client. Il sent tellement l'absurdité de ces suppositions que, dès le début, il déclare ne point entreprendre de révoquer en doute la gentilhommerie, les droits et les prérogatives du chevalier de Razoire. Après cet exorde, Mᵉ Denempont, au cours de sa proposition, lance un trait d'ironie qui, bientôt, va prendre une tournure acerbe : « L'exploit signifié à Darry n'est pas bien sûr l'ouvrage du sieur du Forest, trop judicieux pour invoquer un prétexte aussy frivole de chicanner un tiers, n'ayant en aucune façon voulu empiéter sur les attributs du chevalier Louis-François-Joseph de Razoire, pupille, dont le tuteur a été mal conseillé par des personnes se plaisant à vexer le monde... » Aux réticences et aux tergiversations, il ne manque plus qu'à employer la voie de l'équivoque, et c'est à cette argumentation que la défense, réduite aux abois, essaie de se cramponner. Avouons néanmoins que la thèse est soutenue par le champion avec un talent incontestable ; mais comme elle est trop voisine d'une cause ingrate, il faut s'attendre à un insuccès. En un mot la situation étant insurmontable, Mᵉ Denempont se hâte d'exprimer, à la Cour, son désir « d'obtenir congé. » Hélas ! il est trop tard : on veut plaider, l'on plaide, et un jugement en sera la conséquence. Toutefois, hâtons-nous de le dire,

---

(1) L'institution de procureurs remontait au delà du règne de Philippe VI. Elle fut supprimée le 20 mars 1791 et est, de nos jours, remplacée par celle d'avoués.

Darry, revenu un peu de ses idées processives, regrettera ce malencontreux procès et rétractera son affirmation. — *Archives, tome II, pages* 91-94.

Mon dessein est d'abréger aussi (1) « le plaid de réplique » de Mᵉ C. Ansart aîné, procureur au Conseil d'Artois, défendant la cause du chevalier Razoire. Ce plaidoyer est remarquable par sa dialectique: il réduit à néant d'injustifiables prétentions arguées par Darry.

Or, Mᵉ Ansart présentant à son tour le sac, dit, à la date du 28 mars 1705, que Mᵉ Denempont, son collègue abandonne, — et il a parfaitement raison sur ce chef, — la possibilité de nier la noblesse, les droits et les privilèges de Louis-François-Joseph de Razoire, comme le seul seigneur du village de Campagne et comme l'unique seigneur possédant les droits et les prérogatives de l'église paroissiale de l'endroit, desquels avantages Razoire et ses auteurs ont toujours joui paisiblement. Malheureusement, Mᵉ Denempont semble résolu de s'inscrire en faux sur le second chef, c'est-à-dire la dénégation de la part de son client Darry, lequel prétend n'avoir apporté aucune sorte de trouble en ce qui concerne des droits seigneuriaux. Réfutons cette controverse.

1° Il y a eu trouble, lorsque Darry a dit qu'il est le lieutenant du village de Campagne.

2° Il y a eu trouble, lorsque Darry a allégué que Rogeré-Sorel est lieutenant d'un fief noble appelé Colomby, que les anciens possesseurs ont rejeté, pour s'arroger le titre de seigneurs de Campagne.

3° Il y a eu trouble pareillement, lorsque Darry a insinué que l'église de Campagne est bâtie sur un fonds dont le chevalier Razoire n'est pas le seigneur.

---

(1) Le dossier n'embrasse pas moins de cinquante-six pages in-folio.

En effet « ce sont bien là, ce semble, » argumente Me Ansart, « des troubles commis à laditte possession, car en réalité, de Razoire, écuyer, a seul le tittre de seigneur de Campagne, tittre dont il est en toutte bonne possession ainsy que des droits honorifiques de l'église paroissiale. En outre, il est également certain qu'il n'y a que Jean Rogeré-Sorel, son lieutenant, qui soit qualifié de lieutenant du village de Campagne. »

4° Il y a eu trouble encore, lorsque Darry a affirmé que la seigneurie de Campagne est substituée au fief de Colomby.

5° Il y a eu trouble, lorsque Darry a prétendu que le chevalier Razoire n'est pas seigneur du terrain où l'église est construite. « Car, » reprend Me Ansart, « le sieur de Rasoire et ses ancestres ont toujours porté le tittre de seigneurs de Campagne et ont toujours joui des droits honorifiques publiquement sans contredit : tout cela fait une preuve qu'il est seigneur du terrain où est érigée l'église aussy bien que du cimetier dans lequel cette église de Campagne est construite, n'y ayant aucune conséquence à tirer de ce que pense Me Denempont, à savoir que « les tennements entourant ledit cimetier sont mouvants d'un autre seigneur » ; puisque quand cela seroit, ainsy qu'il le suppose on n'en pourroit tirer aucune conséquence par la raison qu'il suffit d'être seigneur du terrain où est sise l'église pour estre seigneur de la paroisse et en avoir les honneurs. »

6° Il y a eu trouble, toujours, lorsque Darry a prétendu que lesdits sieurs abbé et religieux de Saint-André-au-Bois n'ont pas cru cesser d'être seigneurs de Campagne pour en voir porter le nom par un autre.

7° Il y a eu trouble également, lorsque Darry a émis l'assertion que si le sieur du Razoire pouvait porter légitimement le titre de seigneur de Campagne, les sieurs de Saint-André le pouvaient prendre avec plus de raison encore. « En cela peut-on voir un trouble plus formel à la possession du chevalier de

Razoire, de porter seul le tittre de seigneur de Campagne ? »

8° Il y a eu trouble évident, lorsque Darry a induit qu'il a pu se revêtir de la dignité de lieutenant de Campagne pour les sieurs religieux ; « car, » observe M⁰ Ansart, « il est certain qu'il n'y a que le lieutenant du seigneur de Campagne qui puisse prendre. la qualité de lieutenant de ce même lieu : ainsy Darry ne pouvait prendre aultre qualité que celle de lieutenant des sieurs abbé et religieux de Saint-André, pour les propriétés qu'ils possèdent dans ce village, sur le terroir ou ailleurs. Darry ne peut donc dire avec vérité qu'il n'a pas troublé le chevalier dans ses droits de possession du tittre de seigneur. »

Loin de la pensée de la famille Razoire de porter atteinte en quoi que ce soit contre les intérêts de Messieurs de Saint-André qui d'ailleurs ne sont point en cause ici, bien que Darry ait invoqué, à leur insu, leurs noms afin d'échapper, par des subterfuges, au tirage au sort. Non ! Ce procès incombe personnellement et exclusivement à Darry. Or, comme ce dernier s'est arrogé à tort des attributions pouvant porter préjudice à l'honneur et à la dignité d'une famille respectable à tous égards, il n'y a rien de plus rationnel, de plus équitable de protester et de revendiquer. Voilà tout.

Les conclusions de M⁰ Ansart portent : « Plaise à la Cour de maintenir et de garder dans ses droits de possession de saisine de laditte terre seigneuriale de Campagne, le chevalier Louis-François-Joseph de Razoire ; de faire prendre par le lieutenant de laditte terre et de laditte seigneurie, la qualité dudit lieu ; de condamner Darry à la réparation du trouble ; de luy faire deffense, en qualité de lieutenant des propriétés possédées par Messieurs de Saint-André, de prendre la qualité de lieutenant dudit lieu seigneurial de Campagne ; de le condamner en outre à l'amende coustumière pour avoir causé

9

laditte perturbation, et aux dépens de cette poursuitte. » —
Archives, tome III pages 243-256. (*Bis*).

Après cette analyse des faits relatifs à la procédure, voici le
texte intégral du dispositif de la Cour des Etats d'Artois :

« Extraits du registre aux Ordonnances d'audiences du
Conseil provincial d'Artois.

» Entre Nicolas-Joseph Razoire, escuyer, seigneur de
Forest, tutteur de Louis-François-Joseph Razoire, escuyer,
seigneur de Campagne, d'Oisy et autres lieux, demeurant à
Valentienne, demandeur aux fins de sa requeste, il plaît à la
Cour le maintenir et garder dans ses droits, possession de
saisine de ladite terre et seigneurie de Campagne ; de prendre
seul la qualité de seigneur dudit lieu et de faire prendre par le
lieutenant de ladite terre et seigneurie la qualité de lieutenant
de Campagne. Condamner le défenseur, cy-après nommé, à la
réparation du trouble ; luy faire deffense, en qualité de lieutenant des propriétés que les abbé et religieux de Saint-André
ont aud. Campagne, de prendre la qualité de lieutenant
dud. lieu ; le condamner en outre à l'amende coustumière
pour avoir causé led. trouble, et aux dépens de cette
poursuitte, d'une part Jean Darry, lieutenant des abbé et
religieux de Saint-André aud. Campagne, deffendeur d'autre,
après que Mᵉ Guffroy, advocat du demandeur et Mᵉ Clicquet,
advocat du deffendeur ont esté ouys avecq l'advocat général
du roy.

« La Cour donne acte à la partie de Guffroy de la déclaration faite par Mᵉ Clicquet pour sa partie, qu'elle n'a point
prétendu troubler ladite partie de Guffroy dans ses droits et
possesssion de la seigneurie dont s'agist.

» Condamne néanmoins ladite partie de Clicquet aux despens.

» Ainsy fait et donné audit Conseil, l'audience tenante, le
vingt huit mars mil sept cent cincq. — Dupocquier. Denempont. C. Ansart, proc. (avec paraphes.) »

N. B. — La quatrième signature est illisible, le parchemin ayant, à cet endroit, subi une avarie. —*Archives, t. III, p.* 243.

Un de Razoire de Forest, membre de la famille de Louis François-Joseph, sieur de Campagne, —*demeurant sur les terres d'Espagne,* — était président en 1770 du parlement de Flandres (séant à Douai).

Les documents relatifs à cette maison sont assez nombreux dans mes *Archives.* Mais il est bon de remarquer que les seigneurs n'inscrivaient guère leurs faits et gestes ; pour cela, il eût fallu tenir aussi souvent la plume que l'épée, habitude qui n'était ni dans les mœurs coutumières ni dans les idées principales : aussi, la plus grande partie des renseignements possédés sur ces puissants d'autrefois ne se trouvent que dans les chancelleries.

LES VICOMTES DE LA NEUVILLE-DE-CAMPAGNE.

L'ancienne terre pairie-vicomtière de Campagne, avec ses fiefs et ses arrière-fiefs, eut pour suzerains, aux ères reculées, les puissants comtes de Ponthieu ; subséquemment elle releva, ainsi que ses dépendances, du château de Beaurain, appartenant à d'illustres personnages, voire à deux rois : Philippe VI et Louis XIV. Voici en quels termes s'énonce un préambule, entre autres, du dénombrement de mouvance et de relevance présenté au Roi, en 1694, à cause de sa châtellenie de Beaurain réunie à son domaine :

« Rapport et dénombrement que fait et baille à très-haut, très-puissant, excellent et invincible Louis XIV le Grand, roi de France et de Navarre, Marie-Louise de Beaumont (1), veuve

_____

(1) Elle avait donné une procuration *ad' hoc* à son frère, dom Emilien de Beaumont, bénédictin de l'abbaye d'Auchin et demeurant au prieuré de Saint-Georges-lez-Hesdin.

de messire Jean-François-Ignace de Razoire, chevalier, seigneur de Forest, prévôt de la ville de Valenciennes, sœur et héritière de Philippe de Beaumont, seigneur desdits lieux, laquelle déclare tenir la terre et seigneurie de Campagne, ainsi que les fiefs et les arrière-fiefs de la Marlière, du Chastelet, de Ramecourt et d'Azincourt en relevant, qu'elle tient noblement et en pairie, en un seul foi et hommage de Sa Majesté, par 10 livres parisis. »

Après les chevaliers de Razoire, qui furent maintenus dans leur noblesse par MM. Bignon et de Bernage, intendants de 1696 à 1727, les vicomtes de la Neuville, châtelains du Valivon, arrivent à la seigneurie vicomtière de Campagne.

Messire Charles Testart de Saint-Eloy, chevalier, vicomte de la Neuville, fils de Jean de la Neuville-du-Rossinois et de Anne-Françoise Postel (1) du Valivon, est né le 20 janvier 1687. Tout jeune, il est à la cour. Bientôt, il embrasse la carrière militaire, prend part aux siéges et aux guerres du roi

---

(1) Ce nom revêt une allure féminine. Madame signait : Postelle. Profitons de la note pour signaler quelques-uns des ascendants de Anne-Françoise.

Charles Postel, qui habitait Saint-Martin-d'Ecquemicourt, avait doté, par testament du 3 février 1503, l'église de Saint-Firmin de la somme de 20 écus.

Gilles Postel, de Saint-Eloy, et demoiselle Isabeau Postel, sa sœur, s'entendent, par contrat du 3 février 1603, pour assurer le service régulier des intérêts de la somme ci-mentionnée.

Claude Postel de Monville était capitaine au régiment du seigneur de la Noye, gouverneur de la ville et de la citadelle de Montreuil-sur-Mer. Son frère, Henri Postel, sieur de Saint-Eloy, était lieutenant du comte. Les deux frères passent acte, en date du 16 mars 1646, par devant Me Allard, notaire royal, aux fins de régulariser leur indivision successorale au sujet de leur propriété de Saint-Martin, près Montreuil. Bignon et de Bernage ont maintenu les chevaliers Postel dans leur noblesse.

Louis XIV, qui lui valurent des promotions. Il se marie à l'âge de trente ans avec Mademoiselle Wartel (1) d'Allouagne.

Dès les premières années de leur mariage les époux reconstruisent, sur un autre plan, le château de leurs ancêtres. En tout, le moderne succédait à l'antique. Puis, tandis que Madame administre l'intérieur et se fait la providence des pauvres, Monsieur consacre ses loisirs à l'agronomie, où il obtient, par des soins assidus, plusieurs attelages remarquables. On fait venir de Flandre une belle race bovine dont les élèves orneront de plantureux pâturages. Bref, le domaine est l'objet d'une véritable prédilection : plantations de toutes essences forestières et fruitières, chemins rectifiés et entretenus avec soin, bois percés d'allées pour en faciliter l'exploitation et pour ménager à la vue du promeneur de beaux paysages, tout cela sera exécuté en peu d'années.

Entre temps, les occupations agronomiques du châtelain s'accroîtront par suite de la mort de son fermier, Pierre Rogeré, dont la veuve, Marguerite Hermel, sera aidée jusqu'au 15 mars 1724, par son beau-père, Antoine Rogeré.

C'est à la date du 29 juillet 1724 que M. de la Neuville succède, comme seigneur de Campagne et des divers fiefs y annexés, à Marie-Louise de Voorden, qui signait Vueerden de Campagne, veuve de messire Louis-François-Joseph, chevalier de Razoire. Presque aussitôt son avènement, il est en butte à une série de tracasseries tendant à lui ravir ses droits. Trions quelques-uns de ces procès.

A M. Charles-Albert de Valicourt, écuyer, seigneur de Ricametz, d'Offin et d'Ecquemicourt, secondé par Marie-Thérèse de la Rue (sic), son épouse, d'entrer l'un et l'autre les premiers en lice. La question juridique qu'ils évoquent se rapporte à un

---

(1) Certains calligraphes ont donné une tournure variable, en féminisant ce nom. Ils ont écrit : Wartelle.

« retrait lignager » ; et afin de le faire homologuer, ce prétendu retrait successoral, ils le notifient, en date du 7 juillet 1725, devant la châtellenie de Beaurain. Mais la demande en revendication qu'ils viennent de soumettre sera rejetée par jugement du 8 octobre. Néanmoins, il est appelé de l'ordonnance devant « nos amés et féaux » le lieutenant-général et « les hommes de fiefs » de la sénéchaussée de Saint-Pol, où l'affaire est plaidée le 7 septembre de l'année 1726 en l'absence à la barre des demandeurs, M. et Mme de Ricametz, absence dont M. et Mme de la Neuville requièrent procès-verbal avec inscription de leur présence, eux, à Saint-Pol, « y ayant vagué trois jours en carosse. » Finalement, ce prétendu droit lignager n'étant point valable, Me Bléry, qui plaide contre Me Goudemet, perd le procès. — *Archives, t. I, p. 610.*

C'est ensuite M. le grand prieur et MM. les religieux de l'abbaye royale de Marmoutiers-lez-Tours qui, eux aussi, accourent à la sape, signifiant l'ordre aux administrateurs de l'église de Campagne pour qu'ils aient, à l'avenir, de se désintéresser des prémices inhérentes à l'église et au cimetière « relevant, disent-ils, du prieuré de Saint-Martin en Beaurainville. » Au fond, la revendication est erronée. Messieurs de Marmoutiers ignorent sans doute qu'une instance analogue a celle qu'ils viennent de produire a été jugée, il y a quelques années, en cour suprême.

Au fait, il est avéré que les droits honorifiques contestés ont appartenu immémorialement aux seigneurs : Beaumont, Razoiré, Ferdinand-Michel des Claibes, chevalier, comte de Clermont, et dame Marie-Anne-Louise de Carondelet, dame de Razoire, son épouse, fille et héritière de dame Marie-Marguerite-Louise Razoire, épouse de Jean-Louis de Carondelet, baron de Noyelles-sur-Selle.

Autre différend. Le seigneur de Campagne, en conséquence de son fief de Ramecourt, qui est à la fois une justice et une

terre vicomtière enclavée dans sa seigneurie, et suivant titres
incontestables, savoir : 1° « Sentence portant que vu ledit procès et tout considéré après mûre délibération, avons tenu et
maintenons de par le roy notre sire, et nous pour justice : de
Beaumont, seigneur de Campagne, en possession et saisine à
prendre et percevoir sur la maison et l'hôpital dudit Campagne
(suit l'énumération) ; en outre, condamne le défenseur en deux
années d'icelle rente échues au Noël 1545 ; pour les grains,
d'après estimation des plus hauts prix pour chaque année
échue. 2° Sentence du Conseil d'Artois du 12 juin 1556. 3° Acte
du 5 juillet 1564. « Or, ces titres confèrent le droit, au-dessus
de toute atteinte, de prélever par an, à la Noël, sur la ferme ou
« maison et cense de Coquempot, » de l'hôpital de Campagne
appartenant à la commanderie de Loison, dont le chevalier
Georges de Courtignon est commandeur : 12 setiers de bled,
13 setiers et 2 boisseaux d'avoine, 19 patards parisis de rente
seigneuriale ; de plus, le seigneur de Campagne a le droit,
toujours en vertu de son fief de la Marlière, de prélever en la
grange des terrages, à l'encontre des sieurs terrageurs, la douzième gerbe et le douzième warat ; enfin, d'y prendre chaque
année, au jour de la Saint-Jean-Baptiste, le treizième denier
parisis. L'aveu et le dénombrement du feudataire de Ramecourt, servis au suzerain, sont explicites là-dessus : et des sti-
pulations de ce genre sont licites et doivent être respectées.

J'allais omettre que le commandeur précité tient en roture
du seigneur de Campagne une pièce de terre labourable de 16
« journeulx » à redevance de 1 setier d'avoine et de 9 deniers
parisis ; de plus, pour une autre pièce de 12 mesures, un pré-
lèvement de 12 deniers parisis ; en dernier lieu, pour une
autre pièce de 2 mesures, 18 deniers parisis. La légitimité des
recettes mentionnées n'a rien de fictif. Mais voici que, tout à
coup, il prend une semblable velléité à Philippe de Barville,
chevalier de l'ordre de Saint-Jean-de-Jérusalem et comman-

deur de Loison, de 1573 à 1580, de cesser les paiements habituels au profit du seigneur de Campagne, c'est-à-dire : droits de roture, de reliefs, de rentes, tout est suspendu et en souffrance. M. le commandeur invoque ce motif insolite que l'ordre de Malte, d'après ses privilèges, est « censé posséder tous ses biens en franche aumône. » Comme si les prérogatives d'un ordre quelconque pouvaient porter atteintes aux intérêts des seigneurs et préjudicier à leurs droits !... Les droits seront toujours un palladium. Urgence, cependant, est de lui présenter les sentences et les lettres exécutoires. Mêmes désagréments, tout aussi dénués quant au fond, se renouvellent sous le chevalier commandeur Hector de Vienne-Crévecœur, qui, à la vue des documents, se désiste par acte passé à Hesdin le 6 septembre 1625. — *Archives, feuilles détachées.*

Ainsi qu'on peut s'en convaincre par les procédés relatés précédomment, l'on n'est pas seigneur, voire simple propriétaire, en vain. Pour sauvegarder ses propriétés, il y a parfois beaucoup à lutter. Voici les administrateurs des immeubles et des revenus de l'hôpital des pauvres, « de la pauvreté » de Coquempot-en-Beaurain qui arguent un acte de faux, avançant que les censises, qu'ils n'ont jamais omis d'acquitter jusqu'à ce jour ils les considèrent atteintes de prescription. Pourtant ce n'est point du tout la conclusion de l'avis délibéré en Conseil d'Arras, tenu à la date du 20 février 1731, et signé par Rouget.

En effet, cet avis déclare expressément que l'arrêt rendu en date du 12 octobre 1729 par les officiers de la sénéchaussée de Saint-Pol contre messire Charles de la Neuville, solliciteur en requête dès le 5 août 1728 (1), et messieurs les administrateurs

(1) C'est au cours de cette même année que le chœur de l'église de Campagne a été reconstruit, sur l'initiative du seigneur du village. Une cloche, aux armoiries des de la Neuville, fut fondue, puis appendue dans le clocher s'élevant au-dessus de la voûte du chœur.

de Coquempot, demandeurs, n'a pas été approfondi ; car il ressort du plus sain examen que le point litigieux n'a nullement été appuyé par les pièces originales, lacune des plus regrettables. Que n'a-t-on consulté le dénombrement servi le 20 décembre 1700 au seigneur de Campagne ? et nous n'aurions point aujourd'hui à regretter le conflit suscité. Or, cet ostensible dénombrement est arbitralement contresigné par M. Jacques Leroy, curé de Beaurain, par Claude Podevin, laboureur à Jumel, par Jacques Doresmieux, procureur d'office du prieuré de Beaurain, par Pierre Duhamel, lieutenant de Lianne, et par François Destailleur, greffier à Beaurain, tous administrateurs élus pour la gestion de l'hôpital des pauvres. De plus, remarquons-le bien, dans le dénombrement mentionné, il n'y est pas stipulé de faire obstacle au droit d'indemnité quarantenaire, droit licite et respecté.

Au surplus, le seigneur actuel de Campagne, dont les droits sont identiques à ceux des gentilshommes qui l'ont précédé, nanti de cette pièce authentique, n'est pas dans la nécessité d'en exhiber d'autre, car elle lui suffit et fait foi, et il n'est point arbitraire d'exiger qu'elle ait toute sa force. Bref, on est laissé de nouveau en paix. Ces attaques, réitérées avec opiniâtreté, auront-elles une fin ? L'avenir nous l'apprendra.

Avant d'aller plus loin, il ne me semble pas superflu d'ouvrir une parenthèse à propos de Coquempot prononcé différentes fois ici. La chapelle de Coquempot-en-Beaurain était bâ- et dans l'angle, à droite, de la route de Montreuil et du chemin qui conduit au Valivon. Le soc de la charrue détache parfois encore du sein de la terre quelques vestiges de maçonnerie de cette chapelle, desservie autrefois par un chapelain, disant la messe pour les âmes trépassées des châtelains et des châtelaines de Beaurain qui y ont reçu la sépulture. Erigée par les bienfaiteurs et les bienfaitrices fondateurs de l'hospice, la chapelle fut brûlée et abattue à la Révolution de 1789.

Sans tracer une tangente trop prononcée, il ne serait peut-être pas sans utilité, après ces révélations sur le pieux monument, de chercher la signification du mot Coquempot.

Les termes *coq en pot* sont trop lucides par eux-mêmes pour nécessiter d'explication. Ils n'ont rien d'énigmatique ; ainsi, dire qu'ils désignent un comestible, soumis à certain mode culinaire, ce n'est certes rien enseigner à personne, point même rappeler le projet humanitaire du roi Henri IV.

Mais comme dans notre belle langue un mot se colore à plaisir d'une foule de nuances, — surtout lorsqu'on en raffole ! — il ne faut pas trop s'étonner de l'expression composée de *Coquempot*, alors que ce mot détourné de son sens primitif, on voulut l'appliquer à toutes sortes de choses, entre autres : *Hôpital de Coquempot, chapelle de Coquempot, rue de Coquempot*. Ces termes-là équivalent à : hospitaliers.

Quant aux formules héraldiques : *cocq en pal, cocq en paul, cocq empallé*, que l'on s'est évertué à substituer aux précédentes, l'on prétendrait qu'elles désignent un oiseau postiche mis au bout d'une gaule et ayant servi de point de mire aux archers et aux arbalétriers d'autrefois.

Toutefois, et ceci établit d'une manière certaine que l'étymologiste a forgé à faux : il y avait autrefois un mot spécial pour indiquer le but placé à l'extrémité de perches agencées dans les exercices de l'arc et de l'arbalète ; ce mot n'était pas *cocq en pal* ou tout autre similaire, mais bien celui de *gaay*. De là les expressions : Tirer au *gaay*, et moins anciennement : tirer au *gay*. De nos jours les tireurs disent : Tirer au geai, au blanc, au prix, à la cible. Ce dernier terme, qui est le plus moderne, a prévalu. Il faut donc conclure que quelque novateur, empruntant au blason même, se sera fourvoyé et aura, sans intention aucune, dérobé à Henri le Grand l'une de ses plus belles conceptions.

Avant cette digression, je constatais la fréquence de procès ;

soutenus victorieusement. Voici maintenant des détails d'un ordre différent. M. de la Neuville recueille, dans les années 1724, 25, 32, une partie de la fortune, soit pécuniaire, soit foncière, laissée par son beau-père, M. Wartel d'Allouagne, écuyer, échevin d'Arras et membre des Etats d'Artois, qui avait acquis, de concert avec sa femme, Marie-Madeleine du Puich, la châtellenie pairie du Maisnil, ainsi que la propriété de Ricametz et celle de Bailleul.

Ces acquisitions furent opérées en vertu d'un arrêt du Conseil d'Artois, daté du 8 mai 1697, sur Quentin Milhomme, curateur à la succession vacante de dame Marie-Anne de Baillencourt, vicomtesse d'Harlebecq, veuve de Jean-François de Bassin, écuyer, seigneur et vicomte d'Harlebecq, et fille héritière de Hugues du Crocq. Et ces mêmes propriétés étaient servies en tout obédience à « haut, noble, puissant, honoré seigneur » Mgr Charles-Eugène-Dominique de Guisnes, chevalier et comte de Souastre, maistre de cavalerie de S. M. trèschrétienne, pair et châtelain de Maisnil-lez-Saint-Pol. — Dans un dénombrement, je trouve que M. Wartel avoue tenir en coterie plusieurs pièces de terres labourables, voisines des siennes (au Maisnil et à Ricametz), au profit de « hault, noble, puissant et très-honoré seigneur, Mgr Eugène-Maximilien prince de Hormes, comté de Bailleul, seigneur des terres et pairies de Saint-Martin, Estrayelles, Pierremont (sic). » — *Archives, t. III, p.* 269.

Sur ces entrefaites, Charles de la Neuville arquiert les propriétés que possède à Campagne messire du Bosquet (1);

(1) Un François du Bosquet avait acheté, en 1564, « le dernier jour de février, » à l'abbaye de Saint-Josse-sur-Mer, le domaine d'Airon, consistant en « 4 ou 500 journeaux loués 80 livres tournois, pour la somme de 1,441 livres tournois. » Les terres, dont beaucoup en riez et en marais, ne produisaient qu'un peu de « bled seigle. » La culture était

écuyer, seigneur de Gadimetz, demeurant à Zoteux en Boulonnais. Plusieurs immeubles sont itérativement acquis.

L'époque semble propice aux mutations. M. Adrien-Ignace
Wartel, seigneur d'Allouagne (1), magistrat à Lille, donne une
procuration, datée du 27 juillet 1747, au châtelain du Valivon,
pour traiter de la vente de la baronnie de Lianne avec messire
Gabriel-François Achille, chevalier, vicomte d'Isques, marquis
de Colembert et d'Alembon, seigneur de Lianne, etc., demeurant en son château de Colembert, en Boulonnais, et avec
dame Marie-Jeanne-Françoise de Roussé d'Alembon, son
épouse. La vente est ratifiée le 6 octobre 1747.

La baronnie de Lianne, sise à Beaurain-Château, en Artois,
et pays à l'environ, qui appartint, en 1694, à Gabriel de Maulde,
chevalier, baron de Lianne, marquis de Colembert, lieutenant
du roi en la ville de Boulogne, pair du Boulonnais, consistait
en : domaine, prés, pâtures, ancien château (2), bois, fiefs,

---

fort négligée ; il y avait quantité de friches, à cause des guerres et des
« frontières des Bourguignons. »

Cette aliénation, qui eut lieu au bailliage royal de Waben, en Ponthieu, était pour faire face aux subsides votés par les « esleux et dépu-
tez du clergé d'Amiens ; l'abbaye avait été taxée « cottigée pour les
deniers du roy » au chiffre de 1,550 livres tournois. Lors des incursions
anglaises et bourguignonnes, l'abbaye de Saint-Josse fut si saccagée
qu'il n'y restait plus que Guillaume Martel, abbé, dom Jean de Berna-
mont, vicaire, et dom Honoré Pipeurt, trésorier.

(1) Dans son Dict. hist. et arch., p. 7, M. le baron de Calonne dit :
« Jacques-Adrien Wartel d'Haffringue. » Je ne m'explique point cette
divergence de mention. Il est dit aussi, page 8, que l'acquisition de
Lianne a été faite en « 1771 », date que je ne m'explique point non
plus, si je m'en réfère aux originaux faisant partie de mes Archives.

(2) Les deux pans de mur flanqués dans la Warenne, à une petite
distance de la Maure ou mare, et en contre-bas à droite de la route
d'Hesdin à Montreuil, s'appellent les ruines du château de Lianne,
nom tiré du bois inextricable qui ombrageait alors l'extrémité Est des

arrière-fiefs, censives, appartenances et dépendances, le tout
provenant de la vicomtesse d'Isques, mère, moins certains droits
dus au seigneur de Croï, comte de Rœulx.

A la date du 26 octobre 1729, sœur Marie-Madeleine Petit,
supérieure ; sœur Anne-Marie Dubois ; sœur N.-Françoise
Coulon, et autres dames de la communauté du couvent du
Vieil-Hesdin, « assemblées capitulairement au son de la cloche
dans l'appartement ordinaire des réunions, » pour prendre communication d'un aveu et d'un dénombrement présentés par
M. de Campagne, ces dames sont d'avis d'obtempérer à la présentation des titres. Elles reconnaissent, séance tenante, que
les terres qu'elles possèdent à Lépinoy sont chargées de relief
et d'indemnité exécutable tous les quarante ans. — *Archives.*

Nous venons de prononcer le nom de Lépinoy ; prononçons
aussi celui de Brimeux, qui sont deux villages limitrophes.
Les anciens seigneurs vicomtiers de la terre de Campagne
avaient jadis gratifié l'église de Saint-Pierre de Brimeux de plusieurs terres labourables faisant partie du fief du Castel, mouvant du fief seigneurial de la Marlière-en-Campagne. Ces
immeubles consistaient en : 1° 5 mesures situées au Chemin
Vert ; 2° 1 mesure et demie au Buisson-des-Anglais ; 3° 4 mesures audit Buisson-des-Anglais ; 4° 3 mesures au Petit-Pré, à

Avenettes. A mi-côte, en regard du Midi, l'espace entre deux rideaux
est connu sous la désignation de pré. Parallèlement se trouve un
ruisseau (*ou corriol*) recevant les eaux d'avalanches ; à droite, vers Jumel,
et à gauche sur la Neuville, et voire même vers les haies du Valivon,
toutes ces terres planes se nomment le fonds des Lianne. Il y a une
quarantaine d'années, un moulin existait, vers l'ouest, aux Avenettes.

Non loin du château des Lianne s'élevait sur le côteau, en face de la
fabrique, la forteresse de Beaurain-Château, dont le donjon altier veil-
lait à la ronde ; et c'est là qu'est le puits Langeron, où un canard jeté
à l'orifice va *déplonger* dans la fontaine, près de la rivière. Bois et
pierres ont disparu. *Sic transit gloria mundi.* — *Arch.* t. I, p. 185-191.

côté des terres de l'hôpital; 5° 1 mesure et demie près des terres des Pères Jésuites de la ville d'Hesdin.

Mais ces legs furent faits sous réserves, entre autres : fournir l'aveu, le dénombrement et l'arrentement perpétuels; de plus, de financer le cinquième denier au cas d'aliénation, le service de droits quarantenaires seigneuriaux, le solde de 60 sols parisis de relief, avec, en outre, le service de plaid de quinzaine en quinzaine en la cour de la seigneurie de Campagne. Acte passé à Hesdin le 11 avril 1677.

L'exécution de ces clauses avait été encore fidèlement remplie le 19 octobre 1727 dans la teneur d'un rapport présenté à messire Charles Testart, chevalier, vicomte de la Neuville, rapport revêtu des signatures de M. le curé Jean-François Marcotte, du marguillier Charles Danvin, du lieutenant, procureur d'office et du greffier de la paroisse et de la seigneurie de Brimeux.

Ces mêmes régisseurs, se rappelant les contestations qui avaient surgi vers 1700 et ultérieurement, prétendirent décliner toute vassalité. Toutefois, la cour de Montreuil « entend que l'indemnité soit payée sur le pied du cinquième denier » de la valeur intrinsèque. Enfin, les administrateurs de Brimeux, après bien des tergiversations, se décident à donner tout pouvoir à Nicolas Riquier, à André Lespine et à Duhamel, aux fins de bâcler les difficultés pendantes. Voici le titre :

« Ce jourd'hui 24 juin 1731, nous curé, vicaire et marguilliers, gens de loi et principaux habitants paroissiens du village de Brimeux; après les publications faites aux messes paroissiales et au son de la cloche, assemblés au bureau de l'église pour délibérer au sujet du procès que ladite fabrique a à l'encontre du seigneur de Campagne, au sujet du droit d'indemnité à lui dû à propos des terres appartenant à ladite fabrique, situées au terroir de Campagne : après les raisonnements de part et d'autre faits, nous avons délibéré que nous acquiessons à la sentence rendue contre ladite fabrique, au siège de Mon-

treuil. Pour cet effet, nous donnons pouvoir au sieur Nicolas
Riquier, lieutenant, à André Lespine, procureur d'office, à
Duhamel, maître chirurgien et ancien marguillier, d'obéir à ladite sentence ; de prendre des mesures pour payer le seigneur
de Campagne et de pourvoir au paiement des frais, promettant
d'avoir pour agréable tout ce qui sera fait.

» Fait et délibéré au bureau de ladite église, les jour et an
que dessus, et avons signé : Marcotte-Serret, vicaire ; Riquier,
André Serret, Fourcroy, Danvin (1), Lamotte, Fasquel, Jean-
François Campagne, François Demilleville, Jesse Fourcroy,
prince d'Epinoy. »

Achevons cela en signalant une action munificente de Mgr le
prince d'Epinoy, action que l'histoire locale enregistrera très-
certainement un jour :

« Je soussigné, prince d'Epinoy, déclare remettre charita-
blement, en faveur de la fabrique de Brimeux, la somme de
380 livres sur celle de 980 livres, montant du droit d'indemnité
que ladite fabrique a été condamnée à payer par sentence du
bailliage de Montreuil en date du 25 janvier dernier. De cette
manière, il ne restera plus dû au seigneur de Campagne que la
somme de six cents livres de principal, que les fabriciens de
Brimeux ont promis de lui payer sans préjudice aux frais de
ladite sentence.

» Fait double, au château du Valivon, ce dixième de novembre mil six cent trente et un. D'Epinoy, T. de Campagne,
Duhamel. (Avec parafes.) »

» Reçu la somme marquée ci-dessus, et les frais ; partant :
quittes. Testart de Campagne. »

---

(1) Danvin était receveur du prince d'Epinoy. — La châtellenie
d'Epinoy fut érigée, en 1514, en comté au profit des de Melun ; elle
devint, en 1545, une principauté en faveur des mêmes.

J'ai encore à consigner une affaire de barreau. On a vu, dans les pages précédentes, que les audiences avaient lieu tous les quinze jours à Campagne. Il paraît, cependant, que les audiences tenues en cette seigneurie dans l'année 1710, s'y tinrent de huitaine en huitaine. Ainsi, à propos du fief de Bournonville-en-Campagne, dont faisaient parties six journaux de terre en pâtis situés à l'anglée et au chemin de Barre à Beaurain, l'ajournement est indiqué pour la huitaine. Voici le précis de procédure :

Un aveu et un dénombrement de l'immeuble signalé avaient été soumis, en date du 7 janvier 1569, au seigneur de Campagne, par «noble homme» Hubert de Pimon, seigneur de Monchy, à cause de damoiselle Antoinette de Gouy, sa femme ; et ce pâtis de six journeaux ou quatre mesures était affermé alors à Pasquier-Cailleux au prix de 47 patards et 8 deniers parisis.

Or, le vieux titre était ignoré par Jacqueline et Marie Marsille, veuves d'Antoine Minet (douteux) et de François Poussart, de Bamières, au domicile de Jean Frechon, leur fermier, à la Neuville. Ces personnes prétendaient ne point être astreintes aux formalités usitées ; aussi ne tardèrent-elles pas à recevoir une sommation en date du 2 mai 1710 « pour comparoître à l'audience qui se tiendra en la seigneurie de Campagne le 9 mai, aux lieu et heure ordinaires, » pour être entendues et interpellées au sujet d'arrérages non payés, de dénombrement « non baillé, » et autres devoirs non accomplis, lesquels ont motivé saisie fiscale.

Voyons les pièces :

« Jean Rogeré, lieutenant de la seigneurie de Campagne, aux hommes de fiefs de ladite seigneurie, sur ce requis, salut. Nous, à la requeste de Jean Couppé, procureur d'office, demeurant à Ricquebourg, nous avons commis et commettons pour saisir par faculté seigneurialle et mestre es mains de Monsieur de Campagne et es nostres pour justice 4 mesures de terre situées à l'anglée de Lianne tenantes vers orient au bois de Beaurain, vers occident au chemin de Barre, vers midy au manoir qui a cy devant appartenu à Jacques, de Saint-Michel. Ladite terre tenue foncièrement dudit seigneur ; et ce, faute de bonne, juste possession, rentes, reliefs, arrérages non présentés, et bien qu'à ladite terre il y soit établi un commissaire pour rendre compte à qui de droit.

» En conséquence, mandons ordre au premier sergent, sur ce requis, de signifier la saisie et établissement de commissaire à qui il appartiendra, donnant et assignant jour à comparoir pardevant nous avec les hommes de fiefs de cette seigneurie, pour ladite saisie : voir démêler, dire, écrire ou débattre, enfin tout procéder selon raison, et s'il convient exploiter toutes démarches de juridiction.

» Requérons tous sieurs et officiers de justice de permettre sur ces biens comme ferions pour eux en pareil cas estant requis. En tesmoins de quoy nous avons, avec le greffier de cette seigneurie, signé ces présentes. Ce deuxiesme may 1710. Jean Rogeré. Jacques Pocholle. » L'autre signature est illisible. — *Arch. non clas.*

Jacqueline et Marie Marsille, défenderesses, protestent en date du 9 mai contre la citation qui leur a été déposée par Jean Couppé, procureur fiscal de la seigneurie de Campagne. Elles exigent la présentation de titres bons et valables dans l'espèce, car jusque-là elles ne se croient point lésées « et n'ont rien autre chose à dire à ce sujet, sinon la demande que la saisie féodale soit déclarée nulle et les frais supportés par le demandeur. »

En telle occurence, une seconde sommation est imminente. Consignons-la :

« L'an 1710, le 14 mai, nous, Jacques Gometz et Antoine Ledoux, officiers de la seigneurie de Campagne, y demeurant. En vertu du pouvoir de commission, signé des sieurs lieutenant

11

et greffier de cette seigneurie, cy-joint, en date de cejourd'huy. A la requeste et accompagnés de Jean Couppé, nous nous sommes transportés sur 6 journeaux situés à l'anglée de Lianne, terroir de Campagne, où estant et observant les formalités requises nous les avons saisis, — ces journeaux, — par faculté seigneurialle et les avons mis es mains de Monsieur de Campagne et dudit sieur lieutenant pour justice, faute de bonne, juste possession, cens, rentes, reliefs, arrérages non payés, de déclaration non baillée, et pour nous nantir de cela nous avons chargé, pour régir et administrer excellemment, la personne de Jacques Pocholle le jeune, commissaire, qui au besoin sera assigné pour se voir condamner à ses charges, la gestion des susdites terres et d'en rendre compte après ce quy il appartiendra. En tesmoins de quoy nous avons signé le présent acte, pour servir audit procureur ce que en justice appartiendra, les jour et an susdits. Ledoux. Gometz. »

Le procureur des défenderesses exige, à la date du 29 mai 1710, la communication des pièces. A cette demande, le procureur fiscal, Jean Couppé, répond en substance que les seigneurs de Campagne « ayant toujours esté absents » leurs titres ont été égarés ; mais il doit suffire d'apporter à la barre une copie d'extrait de dénombrement qui a été délivrée à M⁰ Quiesnot, procureur, par M⁰ Varlet. Le sens de l'acte de 1569 a été consigné au début. Bref, l'obtention de cette pièce a suffi pour clore la dissidence.

Avant de signaler le préambule du *Terrier*, ou Registre consacré aux tenanciers, il serait peut-être nécessaire d'énumérer certaines charges féodales qui forment une page si caractérisée. Dans une vieille seigneurie pairie-vicomtière telle que celle de Campagne, les droits s'exerçaient sur : flos, flégards, chemins (les routes royales exceptées), moutonnage, mort ou vif, herbages sur tous les sujets et tenanciers ayant bêtes à laine, afforages sur les vins, les bières, les denrées, reliefs,

droits de fonds, amendes, forfaitures, droits seigneuriaux d'a-
près la coutume de Saint-Pol ; de plus : droits de terrage et de
champart à percevoir sur le territoire seigneurial. Ces usages,
ainsi que ces termes, ont beaucoup vieilli ; ils sont remplacés
aujourd'hui par le doux nom d'impôts : récriminer là-dessus
n'aurait guère pour résultat un allégement... Après tout, — et
au point de vue personnel, — la seigneurie de Campagne n'a
point enrichi notre famille ; mais ce qui est avéré, c'est que
notre maison a enrichi Campagne.

Des magistrats : bailli, lieutenants et hommes féodaux étaient
investis de la représentation de la haute, de la moyenne et de
la basse justice. — *Archives, tome* 2, *page* 435.

Maintenant, voici le prodrome du registre, grand in-folio de
262 pages :

Ce Registre d'Aveux et de Dénombrements a été commencé le
16 mai 1729 et appartient à messire chevalier Charles Testart,
seigneur et vicomte de la Neuville, de Campagne, etc., demeurant
en son château du Valivon.

Il sert à faire foi, en la justice dudit seigneur, avec les reçus et
les déclarations de ses officiers, concernant les tenanciers de la
terre seigneuriale vicomtière de la Neuville et de celle de Cam-
pagne, ainsi que des fiefs de la Marlière, de Ramecourt, de Bour-
nonville, d'Azincourt, de Castel, de Calique, de Monville, de San-
niez, de Thérouane, de Poilly, de Framezelle, etc., dépendants
en mouvances foncières et surcensières des dites terres vicomtières.

Notá. Les fiefs et les biens énoncés dans ce Registre sont situés
à Campagne, à Beaurain, à Jumel, à Lépinoy, à Gouy et aux
environs.

Table des noms des tenanciers :

Antoine Attagnant. Philippe Attagnant. Marie-Angélique
Attagnant.

Pierre-Antoine Blanchard. Pierre, Philippe, Nicolas, Anne,

François-Joseph Blaud. Anne-Claude Baudrix. Martin Bouchard. François Belval. Marie-Antoine Belvalette. Pierre-Antoine Blanchard. François Brucquet. Marie-Jeanne Brucquet. Marie-Jacqueline Bridenne. François Boulanger. Jacques Boyer. Brimeux (Eglise de). Beaurain-Château (Eglise de).

Louis Catton. Eloy Catton. Jacques Campagne. Jean-François Campagne. François Cornu. Coquempot (Hôpital de).

Jean Daux. Charles, Jacques Dauvergne. Martin Desgez. Marie-Françoise Ducandas. Antoine Ducandas. Marie Demonchaud. Marguerite Devilliers. Jean Dubois (de Lépinoy). Jean-François Dumetz. Grégoire Delattre. Jean Devoisin. Guillaume Delahaye (tuteur des enfants Jacques Boyer). Barthelémy et Antoine Desgez. André Danvin. Firmin Dubois. Jean Dubois, laboureur. François Devilliers. Marguerite Devilliers.

Jean Esseleingue.

Augustin, Jean, Martin Frechon. Isabelle, Catherine Frechon. François Ficheux. Jean Foyard.

Antoine, François Gomez. Marie, Jeanne Gomez. M. Godin. Joseph Gagneur. Jean-Eloy Geny.

Pierre Hameaux. Henri Herguigneux. Pierre Houliez. Martin Hourdel. Les religieuses du Vieil-Hesdin.

Jacques Ivain.

François Levecques. Louis Levacque. Antoine Lejeune. Jacques Lecul. Marie Lecul. Pierre Ledoux. Charles Lion. Martin Lombard. Nicolas Lorges. Charles Legagneux.

Charles Morgant. Antoine Magnier. Marie, Jacqueline Marsille. Toussaint, Antoine, Charles, Jérôme Masson. Louis Mariette.

Charles, Jacques, François, Antoine, Augustin, Louis Nourtier. Marie-Marguerite Nourtier.

Louis, Jean, Martin, Jean François Petit. Jacques, Philippe Pocholle. Charles Poullain. Martin Poignant.

Benoît Ratel. Pierre Ruisseauville.

Antoine Sellier. Pierre Senet. François Sorel.

François Tanfin. Jacques Tartart. François Thuillier. Marie
Thuillier. Antoine Thuillier. François, Marie, Claude, Jean,
Jacques Trunet, Charles-Martin, Jacques Trupin. François Til-
lois. François Tavernier. François, Pierre Trupin.

Louis, Jean, Antoine Vallois. Antoine Vaillant. — Cette liste
sera complétée plus loin.

Le texte ci-après suffira pour donner une idée des autres.

« Rapport, aveu et dénombrement que sert et baille à messire Charles Testart, chevalier, seigneur de Campagne, de la
Neuville et autres lieux, moi soussigné Pierre Ledoux, maître
arpenteur, demeurant au village de Campagne, à cause d'un
manoir amazé contenant quatre mesures que j'ai acquis d'Antoine Remy et de Marie-Madeleine Thuillier sa femme, icelle
fille et héritière de François Thuillier, icelui fils de Jean.

Ce manoir tient d'une liste, vers orient, à Louis Nourtier ;
d'autre liste, à Augustin Nourtier ; d'un bout, vers midi, aux
terres de l'hôpital ; et d'autre, au flégard. Ledit manoir tenu en
fief de mond. seigneur, à cause de ses fiefs seigneuriaux situés
aud. Campagne, par soixante sols parisis de relief, autant
d'aide, et le tiers de cambellage quand le cas y écheoit, avec
service de plaid dans la cour de mond. seigneur de quinzaine en
quinzaine avec mes pairs et compagnons y étant appelés. Et en
cas de vente, don ou transport, échange ou autre aliénation, le
cinquième denier ; le tout suivant et conformément aux titres
de mondit et à la coutume de Saint-Pol.

Lesquels aveu et dénombrement, je présente à mondit seigneur, le suppliant très-humblement de vouloir les agréer et recevoir, et de m'en faire expédier et délivrer lettre de récépissé
à mes dépens, aux offres que je fais d'augmenter ou de diminuer
ce manoir, si besoin est, à condition de ne préjudicier en rien
aux droits de mondit seigneur et aux miens.

Ainsi fait et présenté et dénombré, au château du Valivon,

près Campagne, aujourd'hui 17 juin 1738 (1), par devant le bailli et les hommes de fiefs de ladite seigneurie de Campagne, avec moi soussignés après lecture. J.-B. Rogeré. L. Ledoux. Pocholle. Farré. — *Arch.*, tom. *V*, *pag.* 212.

LES VICOMTES DE LA NEUVILLE ET DE CAMPAGNE.

Messire Charles-François Testart, seigneur et vicomte de la Neuville de Campagne, est né au château du Valivon le 13 février 1733. Il se marie le 9 août 1762 à Mlle Anne-Françoise-Josèphe d'Artois d'Avondances (2). Le 12 septembre de cette dernière année, il assiste à la consécration de l'église abbatiale de Saint-André-au-Bois. Comme ses ancêtres, il est de la députation des états d'Artois.

M. de la Neuville, au nom de M. Ignace Wartel, ordonne une estimation des terres appartenant à l'église de Campagne. Il choisit, avec les administrateurs, deux experts amiables : Pierre-Antoine Beaugeois, tonnelier, et Jean-François Branly, cordonnier. Ces terres consistaient en : 1° deux mesures au canton des Hièvres, d'une liste au chemin qui conduit aux

---

(1) Ce texte était porté dans un Registre précédent.

(2) Elle était née le 16 mai 1741, et avait deux sœurs : Mlle Elisabeth-Catherine-Françoise-Aléxandrine, née le 9 avril 1739, mariée le 15 juillet 1758 à M. le comte du Chastel de Bertevelt, et morte à Sainte-Périne (de Paris) le 20 juin 1822 ; Mlle Françoise-Elisabeth-Ursule, née le 14 mars 1743 et mariée à Mre Jean-Baptiste Monck, chevalier, seigneur d'Ergny, de Lepœuil, de Cattelet et d'autres lieux. Elles étaient filles de Mre François-Alexandre-Jean-Baptiste d'Artois, chevalier, seigneur du Valvalon, de Frescottes et d'autres lieux, demeurant au village du Biez, et de Dame Elisabeth-Catherine-Claudine d'Urre, mariée en juillet 1738. En juin 1743, M. le Chevalier, absorbé de douleur par la mort toute récente de sa femme, avait négligé de se mettre en règle avec le fisc ; par suite il se trouve menacé de saisie féodale touchant

pâtures de Mgr le comte de Clermont, estimées 800 livres ;
2° deux mesures, séantes au même canton et listées d'un côté
à M. Louvet, curé de Sainte-Austreberte, estimées aussi à
800 livres ; 3° une pièce contenant une mesure sise au fond
d'Hesdigneul, d'une liste à une demi-mesure de terre, appartenant à l'église, et d'autre bout à un rideau, évaluée au prix
de 300 livres ; 4° et finalement une demi-mesure située audit
fond d'Hesdigneul, d'une liste à un rideau, évaluée 36 livres.

Il est nommé, en date du 2 avril 1763, curateur du mineur
Messire Louis-François de la Houssaye, chevalier de Neuvillette, baron de Gouy-St-André, son voisin et son parent. Voici
quelques-uns des membres du conseil de famille : Messire
Nicolas de la Houssaye, chevalier de Neuvillette, demeurant à
Mézicourt, oncle ; Messire Charles-Alexandre de la Houssaye,
chevalier de Vaulx, à Wambercourt, cousin ; Messire Charles
de la Porte, chevalier, seigneur de Waulx, demeurant en son
château de Waulx, cousin ; Messire François-René de Poilly,
écuyer, seigneur de Maresville, demeurant à Montreuil, cousin;
Charles Danvin « homme vivant noblement, à Gouy, voisin
et ami. »

Il contresigne le bail de la ferme du château de Valivon,
bail que Madame de Campagne, sa mère, accorde le 27 juin
1769 à Charles Ragnet.

les fiefs nobles de Cleuleu et de Bimont du chef de son épouse, fiefs
tenus de S. M. à cause de son château de Boulogne. Mais il s'excuse
de l'oubli involontaire et uniquement provoqué par son deuil, et prend
l'engagement « d'accomplir sans retard les devoirs non faits.» *Archives*,
t. II, p. 289.

M⁰ d'Artois du Valvalon, qui s'était marié en premières noces, en
juillet 1738, à M¹¹ᵉ Elisabeth-Catherine-Claudine d'Urre, et dont il eut
les filles précitées, se maria en secondes noces, le 22 novembre 1748,
à M¹¹ᵉ Charlotte-Albertine de Lauretan, dont il eut Mʳᵉ Charles-Fran-
çois-Alexandre-Hubert d'Artois, chevalier, seigneur de Campagne-lès-
Boulonnais, et légataire universel de sa tante, Mᵐᵉ de Bryas.

Les époux Charles-François de la Neuville, à part plusieurs
voyages à Paris, s'installent dès le début de leur mariage
chez leurs père et mère du Valivon, où ils restent de 1762 à
1766, et c'est là qu'ils voient naître deux héritiers : Charles-
Joseph, le 8 novembre 1763, et Jean-Baptiste-François-Marie,
le 6 juillet 1766. Après ces années, ils vont habiter leur château
du Biez, où ils donnent le jour, le 6 octobre 1768, à Charlotte-
Ursule. En décembre 1770, ils quittent cette résidence pour
aller habiter dans le voisinage leur château d'Hesmond, bâti
par les de Créqui, seigneurs de la terre dudit lieu.

C'est de cette propriété que M. de la Neuville écrit, en date
du 27 septembre 1770, à son fermier de Conteville, Baillet,
pour lui enjoindre de verser, en à compte de fermage, une
somme de 700 livres par constitution de rente, dont acte dûment
passé à Auxi-le-Château.

Dans la lettre de chancellerie suivante, il y est aussi question d'Hesmond : « Louis, par la grâce de Dieu, roy de France
et de Navarre. Au premier huissier de notre cour du conseil
supérieur d'Arras. Requeste, mandons : A la requeste de notre
amé Charles-François Testart, seigneur de Campagne, la Neu-
vile et autres lieux, demeurant au château d'Hesmond, de
contraindre et exécuter par toutes voies de justice dues et
raisonnables : Jean-Philippe Degetz, demeurant à Campagne,
et avec lui, comme caution, Jean-François Ledoux, demeurant
audit Campagne, et N. Lainé, prêtre au prieuré de Beaurain,
tant et jusqu'à ce qu'ils aient fait solidairement paiement à
l'impétrant, soit en deniers ou quittances, de la somme de
156 livres 4 sols, en quoi ils se sont obligés par acte d'adjudi-
cation passé devant notaire, le 3 décembre 1770, à Nous apparu
en gros scel, scellé, et en cas d'opposition, nantissement faits
au préalable de ce faire, donnons pouvoir, car tel est notre
plaisir. Donné à Arras, sous le scel de notre chancellerie, le 21
novembre 1772, et de notre règne le 58e.—*Archives*, t. I, p. 166.

Une seconde fille, Madeleine-Françoise-Victoire, naît le 2 juillet 1773, à Hesmond et non au Valivon comme je l'ai dit par erreur. Les châtelains d'Hesmond viennent, définitivement se fixer en novembre 1774, auprès de leur mère, Madame du Valivon, veuve depuis peu de temps. Leur dernier enfant y naît le 11 janvier 1780, il est nommé Jean-Baptiste-François-Marie, second de ces prénoms qui lui furent donnés par son frère et parrain. Ils ne perdirent aucun enfant; plus heureux que leurs père et mère, M. et Mme Charles de la Neuville-Wartel, qui eurent la douleur d'en voir succomber plusieurs en bas-âge, victimes d'une persistante épidémie qui décimait la population.

Il est bon de remarquer que durant leur séjour au Biez et à Hesmond (1), M. et Mme Charles-François de la Neuville jouissaient d'une certaine fraction du domaine du Valivon concédée en mariage ; aussi, plusieurs ventes d'arbres y furent faites à leur profit par le ministère de Me Violette, notaire à Fressin ; en outre, ils bénéficiaient des privilèges et des censives de la seigneurie de Campagne. Le registre ou terrier d'aveux et de dénombrements, qui part de l'année 1768 à celle de 1774, le démontre.

Rappelons en passant un fait relatif à l'hôpital de Coquempot si fécond en incidents. Les administrateurs de cet hôpital présentent, en date du 24 août 1778, un rapport de dénombrement

---

(1) M. le marquis de Créqui d'Hesmond revint prendre possession immédiatement après le départ de M. et Mme de la Neuville. Il confia lors de la Terreur, et avant de partir en émigration, sa terre à un appelé B...., son protégé ; après la mort de l'infidèle dépositaire, Hesmond fut mis en vente, et passa dans les mains de M. Lemaire, marié à Mlle Madeleine-Françoise-Victoire de la Neuville, dont M. Auguste Lemaire, fils, hérita. Ce même fils, ancien garde-du-corps du roi Charles X, se maria en troisièmes noces à Mlle de Bartillas ; il vendit Hesmond, le 12 juin 1840, à M. de Werbier.

ayant trait à certains immeubles tenus en roture. A ce sujet, ils reviennent sur des faits passés, avant d'établir la position dernière, définitive. Ils rappellent qu'il y avait eu instance à la sénéchaussée de Saint-Pol le 5 août 1728 et un jugement le 12 octobre en faveur dudit hôpital, instance dont M. Testart de Campagne avait appelé devant la « gouvernance » d'Arras.

La divergence d'intérêts en était là, lorsque les parties convinrent de s'en référer à une décision à l'amiable. Des avocats furent consultés ; c'étaient : MM. Leduc, Courrière, Cornuel et de Canchy. Ces avocats décident unanimement que le dénombrement fait en l'année 1700 est bon, et que l'indemnité est due. L'administration s'en tint donc à cette décision. En conséquence elle offrit de payer aux dires d'experts. Elle demande Charles Nourtier, fermier-propriétaire à Campagne, et Jean-François Denis, fermier à Jumel. Ces mêmes experts évaluent à 5,000 livres la valeur des terres et à 750 livres 15 sols pour droit seigneurial. Mais pour atténuer l'effet d'un paiement de cette importance et qui susciterait de la gêne dans le « secours aux pauvres », les parties acquiescent à un intérêt de 18 livres au jour de la Saint-Remy, représentant au bout de 40 ans un capital de 750 livres, « par forme de rachapt. », à commencer par l'année 1777 et continuer d'année en année, à perpétuité, pour le rachat seulement et sans préjudice au cens ordinaire. Les administrateurs désignent Pierre-François-Delahaye pour percevoir le relief, le cas échéant, conformément aux coutumes de la châtellenie de Beaurain et celles du comté suzerain de Saint-Pol. Ont signé : Testart de Laneuville (sic), Devienne, prêtre, Farré, Delattre, Leroy. — *Archives*, t. II, p. 349.

Il y eut, en outre, une estimation en date du 8 novembre 1778 de terres appartenant à l'Hôpital situées à Campagne. Y procédèrent : Charles Nourtier, laboureur et propriétaire à

Campagne ; Jean-François Denis, fermier au hameau de Jumel, paroisse de Beaurainville. Le premier expert, agissant au nom de l'administration de l'hospice ; le second, au nom de messire de Campagne. — *Archives*, t. II, p. 209.

Ventes de fiefs. — Les époux de la Neuville vendent leur fief de Menville sis à Airon-Notre-Dame (Ponthieu) et à l'environ, moyennant dix sols de vin, quarante-huit livres d'épingle et trois cent quatre-vingt-six livres de somme principale, à messire Antoine-Alexandre-François de Courteville, écuyer, seigneur, comte d'Hodicq, chevalier de l'ordre royal et militaire de Saint-Louis, brigadier des armées du roi, vicomte des deux Airon, demeurant en son château d'Arry, près Rue. — *Archives*, t. IV, p. 676.

Le père de M. Charles-François de la Neuville avait présenté une requête datée du 21 juin 1744, comme héritier de Mre Jean Testart de la Neuville du Rossinois, et de Anne-Françoise de Postel du Valivon, ses père et mère. Cette requête demandait décharge d'une revendication ayant trait au fief de Saint-Eloi (en Ponthieu). L'affaire paraissait tourner en désuétude, lorsque Mre Charles-François, pressé par certaines circonstances qui seront relatées plus loin, voulut ester, et en conséquence formula deux demandes successives, l'une du 28 juin et l'autre du 4 juillet 1747, adressées à M. l'Intendant général au bailliage d'Amiens, séant à Montreuil.

En voici l'essence. Le solliciteur expose qu'une ancienne contestation, entamée par M. Jean Thorel, prêtre-chanoine de l'église collégiale de Saint-Firmin-de-Montreuil, avait donné lieu à un exploit signifié par ce dernier, portant la date du 5 décembre 1724, contre Nicolas Racine, et par celui-ci un autre exploit contre M. Charles de la Fresnaye, subdélégué de l'intendance de Picardie, pour revendiquer la remise de titres inhérents audit fief de Saint-Eloi.

Le sort de ces requêtes eût été le même sans doute, lorsque la dame de la Blinière, fille de M. de la Fresnaye, exigea la remise des titres et des papiers concernant ledit fief. Sur cette impérieuse réquisition, M. Testart du Valivon ne put, dans sa réplique, qu'observer qu'un billet de récépissé avait été fait par le sieur Pecquet, du Bellet, ancien receveur du fief, en vertu duquel M. de la Fresnaye se l'était fait remettre. Sur ce, e 12 décembre 1747, il y eut appointement des parties.

Entre temps, M. Jean-François Fougeroux, chevalier de Saint-Louis, ayant acquis le fief de Saint-Eloy de M. Thorel, ne se trouvant point suffisamment en acquisition, voulut se régulariser ; pour cela, il remonta aux possesseurs primitifs, qui s'étaient mutuellement garanti la sûreté de l'immeuble féodal ; chacun, pris ainsi à partie, s'efforça de rejeter sa responsabilité personnelle. De là, l'exhibition des pièces...

Mise ainsi en demeure, Mme de la Blinière qui avait apporté beaucoup de négligence, quant à la production des titres, les montra enfin : il lui avait suffi de les réclamer à Lens, arpenteur juré. Alors tout s'aplanit. Dans l'un des titres, datant du 22 février 1586, et passé par Me Lefebvre, d'Abbeville, on vit écrite la déclaration de censive au profit de Jean Postel, écuyer, seigneur de Saint-Eloy ; dans un autre titre, du 13 septembre 1690, même exactitude de constatation ; dans un autre, passé par Me François Leroy, de Montreuil, et en présence d'Adrien de Campagne, écuyer, seigneur de Longueville, mari et « baille » d'Antoinette Postel ; enfin, dans un autre, le cens du fief était servi à Jean Testart, écuyer, seigneur de Rossinois et de Saint-Eloi, mari et baille d'Anne-Françoise Postel du Valivon ; en définitive, un titre du 30 octobre 1715. Nécesairement le débat dut se clore là. — *Archives*, t. III, p. 311 bis.

Voici d'autres détails concernant spécialement l'église de Campagne. J'ai déjà signalé, dans les pages précédentes, les désastres éprouvés par le village, lors des invasions ennemies ;

on a vu que, par suite, la paroisse fut supprimée, puis
desservie, comme succursale, par celle de Ricquebourg-les-
Maresquel distante d'environ une lieue.... Le seigneur de
Campagne et ses vassaux, refaits un peu des malheurs du
temps, revendiquèrent d'une manière pressante la restauration
de leur paroisse. Des démarches furent faites auprès de Mgr
l'évêque d'Arras et auprès de M. l'abbé de Saint-André; la demande, bien apostillée, est présentée au Roi par M. de la Neuville, et elle a le bonheur d'être acceptée par lettres-patentes du
15 mars 1778. — Château et église, voilà les assises qui con-
coururent à la prospérité du pays ; l'oublier, serait ingra-
titude.

Cinq ans après le rétablissement de l'église paroissiale du
village de Campagne, comme la nef avait beaucoup souffert des
intempéries et plus encore des forfaits de bandes armées, —
témoin un boulet de canon resté encastré dans l'un des murs
latéraux, — il y eut urgence de pourvoir au remplacement de
cette nef. Or, à la date du 22 mars 1784, un procès-verbal de
visite avec plan, devis et état estimatif fut dressé par Antoine-
François Dubois, architecte à Sainte-Austreberthe près Hesdin,
et par François Cordier, maître charpentier à Hesdin, procès-
verbal dont un exemplaire fut communiqué à chacune des
personnes suivantes : à Messire de Campagne ; à MM. les
abbé, prieur et religieux de l'abbaye de Mormoutiers-les-
Tours, décimateurs de Campagne, à cause de leur prieuré de
Beaurainville ; à M. Philippe Violette, prêtre-curé de la paroisse
de Ricquebourg-les-Maresquel et de Campagne ; à Louis
Ledoux, fabricant de bas au dit Campagne, nommé syndic
par délibération du 8 septembre 1783.

C'est chose grave qu'un travail d'église : à la question d'argent, s'ajoute nécessairement la question architecturale ; de là
presque toujours des tiraillements, trop heureux, quand ils ne
donnent point matière à procès. Ici, on n'eut à regretter qu'un

peu de retard ; enfin l'œuvre fut achevée en 1787, époque qui vit aussi bénir la nouvelle cloche.

La reconstruction du presbytère étant nécessaire, il fallut y songer. On se mit sur-le-champ à l'étude ; mais dès les préliminaires des difficultés imprévues se déclarèrent, et donnèrent lieu à une procédure quasi opiniâtre.

En avril 1785, un plan presbitéral est présenté, par une juste déférence, à M. le curé de Campagne. La distribution intérieure est laissée à sa convenance, pourvu toutefois qu'elle fût commode et pour lui et pour son successeur. M. le curé Pruvost refuse ; la commission défend l'excellence du plan ou projet : de là, discorde. Sortis de la voie amiable, les dissidents se pourvurent en justice.

M. le curé Pruvost s'adresse, en date du 15 avril 1785, à Nosseigneurs les président et « gens » tenant le conseil d'Artois. Il leur expose, dans sa supplique, qu'il a fait sommation le 20 décembre 1784 à ses paroissiens afin d'obtenir d'eux la reconstruction d'un presbitère ; mais leur réponse du 27 janvier 1785 étant en désaccord avec ses desseins, il les leur notifia pour qu'ils aient à modifier le plan présenté.

A la date du 23 juillet 1785, les paroissiens font savoir à leur curé qu'ils persistent dans l'affirmation de la valeur du plan, fort convenable, et par conséquent sur l'inutilité d'en faire un nouveau. Ils ajoutent, au surplus, que voulût-on donner plus de développement à la construction, cela serait matérériellement impossible, le terrain dont on pouvait disposer ne contenant que 24 verges et demie de superficie, y compris 3 verges un quart de flégard, espace à peine nécessaire pour une demeure presbitérale et pour la construction d'une maison vicariale ou d'une école, mais espace tout à fait insuffisant, à coup sûr, pour la bâtisse d'une grange qui serait dès plus inutiles, puisque la paroisse est « à portion congrue. » En définitive, ajoutent les paroissiens : 3 verges pour le presbytère, qui aurait 60 pieds de longueur sur 17 pieds de largeur y compris l'épaisseur des murailles.; à peu près le même terrain pour la construction d'une maison vicariale ou d'une école, et le reste pour jardins potagers, cours, étables, voilà tout ce qu'il est possible de concéder. Quant au désir des paroissiens de voir leur curé aidé par un vicaire, il est plausible que cela est d'absolue nécessité, par la raison qu'il y a « 800 communiants dans la paroisse », et qu'un curé ne peut suffire pour administrer seul, surtout dans la quinzaine de Pâques, les secours spirituels, bien que M. Pruvost ne partage point cet avis, lui qui a jusqu'ici, dit-il, suffi depuis tantôt onze ans qu'il exerce ses fonctions sacerdotales tant à Ricquebourg qu'à Campagne, besogne à laquelle, il faut en convenir, il est très-difficile de subvenir. Bref, après ces épisodes, après ces phases incidentes, on finit cependant par se faire des concessions réciproques, et un presbytère fut érigé à peu près en même temps que la reconstruction de la nef de l'église. — *Archives*, t. II, p. 197 et autres.

Il nous reste à voir où en sont les ressources pécuniaires affectées à l'église de Campagne, vers l'époque des travaux exécutés dans ces dernières années. Revenus annuels à la date du 1ᵉʳ décembre 1784 : « Rentes sur censives et pour obits : 51 livres, 5 sols, 10 deniers ; anciennes rentes constituées : 61 livres, 12 sols ; nouvelles rentes constituées : 722 livres, 4 sols, 4 deniers ; loyer du bail actuel : 341 livres. Total : 1176 livres, 2 sols, 2 deniers. Charges annuelles : Aux pauvres, 406 livres, décharge de fondations, au sieur Curé : 110 livres ; au clerc ou autres pour assistance auxdites charges de fondations : 44 livres, 13 sols, 6 deniers. Total : 560 livres, 13 sols, 6 deniers. Au cirier, déduction faite de 12 livres qu'il doit pour platelets : 45 livres ; visites d'archidiacres et de doyen : 4 livres ; registre de baptêmes, etc : 1 livre, 10 sols ; déduction des trois vingtièmes et 2 sols par livre de rentes constituées : 123 livres, 12 sols, 6 deniers. Total : 734 livres, 16 sols. Il reste donc franc : 441 livres, 6 sols.

Aujourd'hui, d'après ce compte, et déduction faite de 200 livres au chirurgien des pauvres : 954 livres, 7 sols, 6 deniers. Et il reste à recevoir, de 1783 au 16 avril 1784, — sauf erreur: 2719 livres, 15 sols, 85 deniers. » — *Archives*, t. II, p. 365.

Par l'énumération qui vient d'être faite, l'on voit que l'église redevenait prospère en dépit de ravages désastreux ; de plus, elle avait-eu à supporter des procès, entre autres celui du 21 avril 1744 contre le sieur Devilliers (Jacques) condamné à Paris en avril 1746, ce qui n'en coûta pas moins, pour frais d'avocat et autres débours, la somme de 588 livres.

Le reçu de l'avocat, ayant parlé au nom de la paroisse représentée par Mᵉ Charles Testart de la Neuville de Campagne et par les administrateurs, m'est parvenu et fait partie de mes archives ; consignons-le, comme pièce de conviction :

« Je soussigné, procureur en la cour, reconnois avoir reçu de Monsieur Testart, seigneur de Campagne, et autres administrateurs de l'église et paroisse de Campagne, la somme de cinq cent quatre-vingt-huit livres pour dette et entier payement des frais et débours à moi dus pour avoir occupé pour le seigneur et les administrateurs contre le sieur Jacques Devilliers, au procès jugé par arrest du vingt-un avril mil sept cent quarante-six. Dont quittance. A Paris, ce deux mai mil sept cent quarante-six. Drespagne. »

Noms des tenanciers de M. de la Neuville : Antoine Attagnant, Pierre Amaux, Pierre Blaud, Isabelle Belvalette (veuve Antoine Vallois), Jean Baudrix, Nicolas Blaud, Marie Blaud (veuve de François Lévêque), Jean-François Branly, Pierre Branly, Jean-François Bertrand, Nicolas Blaud, Marie Blaud (veuve Trupin), Anne Blaud (veuve François Gemetz), Antoine Boyer, Pierre Briois, Marie-Anne Boudoux, Nicolas Bouchard, Jean-François Béaucorps, Martin Bouchard, Nicolas Bridenne, Marie-

Marguerite Cornu (veuve Jean Petit), Marie-Françoise Caron
(à marier), Catherine Cornu (veuve Gilles Lagellé), François
Cornu, Marguerite Cornu (veuve François Treunet), Charles
Cornu (maçon), Marie-Françoise Corsaux (veuve Routier),
Adrienne Cornu (veuve Martin Trupin), Jacques Campagne,
Martin-François Cornu, Pierre-Joseph Couppé, Augustin et
Marie-Anne Carlu, Pierre Couplet, Cauwet de Pompérie,
Louis-Joseph Catoux, Pierre-Eloy Cattoux, François Cattoux,
André Campagne, M. Ignace Cornuel (chanoine), Jacques
Cordier, Coquempot, Nicolas Daux, Nicolas Doye, Jacques
Dauvergne, Martin Duhautoy, Augustine Darry (veuve Fran-
çois Pocholle), Charles Dauvergne, Jeanne-Françoise-Austre-
berthe Danvin, Honoré Dumetz, Marie-Jeanne Dauphin (veuve
Boudoux), Jean-François Décobert, Firmin Dubois, Marie-
Jeanne Descelers, Charles-François-Marie Danvin, Anne-
Jeanne-Josèphe Devilliers, Eustache Duhamel, Marie-Anne
Dehédin (veuve Quiesnot), Augustin Dehesdin (le jeune), Au-
gustin Dehesdin (l'aîné), Pierre-Charles-François-Marie Des-
celers, Thérèse-Austreberthe Devillers, Marie-Marguerite
Duclay (veuve Descelers), Antoine-Joseph Davril, Jean-
Charles Darry, François Delenclos, Jean-Baptiste Dubois,
Charles Darry (la veuve), M. Jean-Baptiste Enlart (avocat),
Beaurain-Château (église de), Louis et Marie-Anne Froideval,
Jacques Fleury, André-Eustache Farré, Grégoire-Joseph
Farré, Nicolas Gambier, Charles-Jean Grumetz, Jean-François
Gometz, François Gometz, Anne-Marie Galet (veuve Belvalette),
Charles Gagneur, Louis Gambier, Isabelle Hurtrel (veuve
François Lorge), Martin-Charles et Jacques Hourdé, Marie
Hourdé (veuve Jean Campagne), Albert Hémart (d'Hesdin),
Pierre Ivain, Jacques Ivain, Pierre Imbertios, François Le-
vacque, Théodore Lion, Nicolas Lorge, Grégoire Leroy,
Jacques Lecul, François-Joseph Lœuillet, Nicolas Louvet
(femme). Pierre-Joseph-Marie Lœuillet, Louis Lejeune, Claude

13

Lorge, Pierre-François Lescart, Joseph Lejeune (à cause de
N. Nourtier, sa femme), Campagne (l'église de Campagne),
Brimeux (église de), Beaurain-Château (église de), Louis
Levacque, Lambert Leurette, Simon Leblond, Vieil-Hesdin (les
religieuses du), Jean-François Ledou, Marie-Françoise Masson
(veuve Augustin Nourtier), Augustin Moitier, Jean-François
Mariette, Jérôme Masson, Augustin Marcotte, Pierre-Antoine-
Abraham Masson, Marie-Françoise (veuve sire Sagette) Antoine
Masson, Jacques Masson, Charles Masson (de Beaurain), Tous-
saint Masson. Liévin Nourtier, Louis Lourtier (de Gouy),
François Nourtier (Cabaretier), Charles Nourtier, Louis-Antoine
Nourtier, Marie-Jeanne Nourtier (veuve Dherly), Augustin
Nourtier (charron), Augustin Nourtier (fils), Antoine Philippe,
Louis-Joseph Petit, François-Roc Petit, Théodore Pocholle,
Augustin Queusnu, Jean-François Rametz, Jean-Baptiste
Ragné, Antoine Sueur, Louis Senappe, Jean-François Sueur,
Théodore Sueur, Jean-Philippe Thuillier, Charles Trunet (et
ses enfants), Françoise Tartar (veuve Pierre Masson), Marie-
Marguerite Trunet (veuve François Fréchon), François Tanfin,
Jean-François Tillois (ou Tirloy), Claude Trunet, Jacques
Trunet (le jeune), Jacques Tardu, Pierre-François Lescart, Jean
Tanfin, Jean-Michel Vallois, Marie-Jeanne Vasseur (veuve Les-
seleingue), Antoine Vaillant, Norbert Valois, Marie-Catherine
Warin.

Voyons les *Rapports*, 1º de l'église de Campagne, 2º de
l'église de Brimeux et 3º de l'église de Beaurain-Château.

« Aveu des administrateurs et des marguilliers de Campagne,
du 11 décembre 1768. *Rapports*, déclarations et dénombrements
que nous, soussignés curé, marguilliers et principaux habitants
du village de Campagne-les-Saint-André, administrateurs des
biens et revenus de l'église paroissiale de Saint-Martin et
pauvres dudit lieu, servons et baillons à Messire Charles-
François Testart, écuyer, seigneur dudit Campagne, la Neuville

et autres lieux, résidant en son château du Biez, de ce que ladite église et pauvreté dudit Campagne tient en roture et cotterie dudit seigneur, à cause de sadite terre et seigneurie de Campagne relevant de la châtellenie de Beaurain dont la déclaration s'ensuit :

Premièrement : l'église et le cimetière dudit village de Campagne, contenant une demi-mesure ou environ, tenant d'une liste vers le levant à Alexis Degetz et à M. Delenclos (du Bois-Jean), d'autre liste à la rue et au flégard, d'un bout vers le midi à Catherine Cornu, veuve Gilles Lagellé et d'autre bout au manoir vicarial et à l'école dudit lieu, formant le numéro premier de la carte dudit Campagne.

Item. Deux journeaux de terre à usage de labour, situés au terroir dudit Campagne au canton des Hièves, numéro de la carte 277, tenant d'une liste vers le levant aux terres de l'hôpital de Loison audit Campagne, aux héritiers de Martin Petit et aux veuves et héritières Descelers, d'Aubin ; d'autre liste comme des deux bouts vers le midi et septentrion aux terres dudit hôpital. Pour lesquels deux journaux de terre nous avouons et reconnaissons que ladite église en doit audit seigneur de rente foncière et seigneuriale chacun an au jour de Noël, deux chapons et deux....... (illisible).

Item. Un journal de terre au même usage de labour situé au terroir de celui de Gouy au canton de la Hironde-de-Gouy, numéro de la carte 226, venant à ladite église par acquisition qu'elle en a faite de Pierre Trunet, tenant d'une liste vers l'ouest à Nicolas Doye à cause de Marie-Marguerite Lambert sa femme, fille de Martin Lambert ; d'autre liste à Claude Lorge, d'un bout vers le midi à Louis Duhamel et d'autre bout au sieur Danvin (de Gouy). Pourquoi nous avouons et reconnaissons, en nosdites qualités, que ladite église en doit audit seigneur pour ledit journal de rente foncière et seigneuriale, chacun an, audit jour de Noël : 6 sols parisis 4 deniers parisis.

Item. Ladite église et pauvreté dudit Campagne tient encore audit seigneur quatre-vingts verges de manoir amazé de maison, granges et autres édifices situés audit village de Campagne, formant le numéro 22 de la carte, venant de ladite église et pauvreté dudit Campagne par donation de Marguerite Devilliers, ancienne fille et à elle venant de l'acquisition qu'elle en a faite d'André Cailleux, tenant d'une liste vers l'orient comme d'autre liste vers l'occident aux terres tenues d'autre seigneur, d'un bout vers le midi au jardin de l'hôpital de Loison audit Campagne, et d'autre bout par devant à la grande rue et au flégard qui conduit d'Hesdin à Montreuil. Pour lequel manoir, nous avouons et reconnaissons qu'il est dû audit seigneur de rente foncière et seigneuriale, par chacune année, payable au jour de Noël : un chapon. Plus, nous déclarons et reconnaissons, en nos dites qualités, qu'il est dû aussi audit seigneur, homme vivant et mourant lequel a été ci-devant été feu Jacques Gometz le fils, et présentement nous donnons audit seigneur, pour homme vivant et mourant, la personne de Pierre-Joseph Ledoux, fils de J.-F. et de Marie-Madeleine Blaud, de ce lieu, pour après la mort dudit homme vivant et mourant être dus audit seigneur les droits portés par la coutume, en ce qui touche le manoir et les terres sus déclarés, et droits d'indemnité de quarante ans en quarante ans.

Lesquels dénombrement et déclaration, nous soussignés, présentons par obéissance audit seigneur et à ses officiers de ladite seigneurie de Campagne, les suppliant très humblement vouloir les recevoir et agréer et de nous en faire en notre dite qualité délivrer lettre de récépissé aux dépens de ladite église et pauvreté dudit Campagne, sous offres que nous faisons de les augmenter, corriger ou diminuer si besoin est et sans préjudice aux droits dudit Seigneur, à ceux de ladite église et pauvreté, aux nôtres et à ceux de l'autrui. Ainsi fait et dénombré audit Campagne, au lieu ordinaire des assemblées, et après le tintement ordinaire de la cloche et par devant lesdits officiers avec nous soussignés, aujourd'hui dimanche après vêpres, onzième jour de décembre mil sept cent soixante-huit, après lecture. — Lebasque, curé ; Jean-François Gometz, marguillier ; F.-A. Nourtier, Marc Attagnant, A. Moitier, Jean-François Mariette, Antoine Attagnant, Norbert Vallois, Jean-François-Antoine Branly, Jacques Ramet, L.-C. Nourtier, Jean-Baptiste Rogeré, Ledoux, Farré. »

Aveu des curé, marguilliers et administrateurs de l'église de Brimeux, du 10 décembre 1768 :

Rapport, déclaration et dénombrement que nous curé, marguilliers et principaux habitants du village de Brimeux, administrateurs des biens et des revenus de l'église paroissiale de Saint-Pierre dudit lieu, servons et baillons à Messire Charles-François Testart, écuyer, seigneur de Campagne, de la Neuville et d'autres lieux, résidant en son château du Biez, de ce que ladite église tient en fief (fief du Castel) dudit seigneur à cause de ladite seigneurie de Campagne relevant de la châtellenie de Beaurain dont la déclaration s'ensuit :

Premièrement, tenu en fief cinq mesures de terre à usage de labour situées au terroir dudit Campagne, au canton du Bocquet-Louis Devoisin, numéro de la carte 221, tenant d'une liste vers orient aux terres tenues d'autre seigneur, d'autre liste au sieur Charles-Marie Danvin (de Gouy), aux droits du sieur de Ricametz pour aussi cinq mesures contre-partie, d'autre liste c'est-à-dire d'un bout vers midi au chemin vert qui conduit d'Hesdin à Montreuil passant dans ledit Campagne, et d'autre bout aux terres tenues de la seigneurie de Lianne.

Item. Une mesure et demie de terre au même usage de labour située audit terroir de Campagne, au canton du Buisson Langlet, numéro de la carte 230, tenant d'une liste vers orient audit sieur Charles-Marie Danvin aux droits du sieur de Ricametz, d'autre liste audit sieur Danvin à cause de la pièce formant le numéro de la carte 231 et aux terres tenues d'autre seigneur, le chemin de Hesdin conduisant à Buires passant dans ladite mesure et demie de terre, d'un bout vers midi aux terres tenues d'autre seigneur, et d'autre bout au chemin vert qui conduit d'Hesdin à Montreuil passant dans ledit Campagne.

Item. Quatre mesures de pareille terre au même usage de labour séant audit terroir de Campagne, audit canton du Buisson Lenglet, numéro de la carte 232, tenant d'une liste vers orient audit sieur Charles-Marie Danvin, d'autre liste vers midi aux terres tenues d'autre seigneur, comme d'autre bout au chemin qui mène d'Hesdin à Buires, coupant ladite pièce sur le bout vers septentrion et la liste vers couchant.

Item. Trois mesures de pareille terre situées au même terroir de Campagne, au canton des Hièves, numéro de la carte 290, tenant d'une liste vers orient aux veuves et héritiers du sieur Descelers, d'Aubin, d'autre liste et d'un bout vers midi aux terres tenues d'autre seigneur, et d'autre bout vers septentrion au seigneur comte de Clairmont représentant le sieur de Noyelles.

Item. Enfin une mesure et demie d'autre terre située au terroir dudit Campagne, entre la Neuville et ledit Campagne, tenant d'une liste vers midi à Pierre Lelong, d'autre liste à Augustin Moitier, d'autre bout aux terres tenues d'autre seigneur portées au numéro 168 de ladite carte.

Toutes lesdites pièces de terre ci-dessus déclarées appartenant à ladite église de Brimeux sont tenues en fief dudit seigneur de Campagne à cause de sa terre et seigneurie dudit lieu et d'autres fiefs y annexés par 60 sols parisis de relief et autant d'aide quand le cas y échoit, et le tiers de cambellage avec service de plaid avec pairs et compagnons en la cour dudit seigneur de quinzaine en quinzaine y étant appelés, sous peine de 60 sols parisis d'amende. Plus, nous déclarons et avouons, en qualité avant dites, qu'il est de droit de donner audit seigneur homme vivant et mourant lequel a été ci-devant Antoine Seret, et présentement nous donnons au lieu et place la personne de Louis-François-Désiré Levacque, pour après la mort duquel le relief sera dû desdites terres ainsi que les droits de cambellage si le cas échoit, conformément aux titres dudit seigneur et à la coutume. Mais nous déclarons, avouons et reconnaissons, en notre dite qualité, que le droit d'indemnité est dû audit seigneur de quarante ans en quarante ans, et que lesdites quarante années sont commencées par l'année mil sept cent soixante-un par conséquent étant expirées, nous avouons et reconnaissons qu'il sera dû audit seigneur le droit d'indemnité, en ce qui regarde les fiefs conformément à la coutume et aux titres dudit seigneur.

Lequel aveu et dénombrement nous présentons par obéissance audit seigneur et à ses officiers de ladite seigneurie de Campagne, les suppliant très humblement vouloir l'agréer et recevoir et de nous en faire, en nosdites qualités délivrer lettre de récépissé aux dépens de ladite église, sous protestations que nous faisons de l'augmenter, corriger ou diminuer si besoin est et sans préjudice aux droits dudit seigneur, à ceux de ladite église, aux nôtres et à ceux d'autrui. Ainsi fait et dénombré audit Campagne par devant lesdits officiers avec nous soussignés, ce jourd'hui douzième jour de décembre mil sept cent soixante-huit, après lecture : Thueux, curé ; Delahaye, collecteur, L. Levesque, marguillier ; F. Riquier, Vasseur, T.-F. Cabry, T.-F. Bouchart, A. Dubocquet, T.-B. Rogeré, T.-F. Ledoux, Farré. »

Obs. — Il y a annexé à cette pièce un acte notarié, passé au château du Valivon, le dimanche 13 août 1775, signé par : Testart de Campagne ; Fonteine, curé de Brimeux ; Louis, Levaque et Riquier, marguilliers ; Delahaye, receveur et commissaire ; Violette et son frère, Lierlay, notaires. Ces signataires y ont dit qu'à cause de quinze mesures de terre relevant du fief de Messire Charles-François Testart, écuyer, seigneur de Campagne, de la Neuville et d'autres lieux, il est dû tous les quarante ans un droit d'indemnité pour tenir lieu de droits seigneuriaux audit seigneur à cause de sa terre et seigneurie de Campagne, le tout conformément et relativement au dénombrement qui en a été servi le 12 décembre 1768 ; que par le même dénombrement il a été reconnu que le droit d'indemnité sera dû à compter de l'année 1761 ; que ce droit, à son échéance, occasionnera le paiement d'une somme considérable qui ne peut être que très préjudiciable à ladite église, ainsi que l'expérience l'a prouvé lors de la dernière échéance. Les comparants, désirant procurer l'avantage de l'église, ont proposé audit seigneur de vouloir, au lieu et place de ce droit payable tous les quatre ans, de restreindre à une certaine somme chaque année, qui serait payable à la S. Remy ; à quoi, M. de Campagne, voulant bien se prêter pour l'avantage de l'église de Brimeux, il a été décidé que pour tenir lieu du droit d'indemnité, il serait payé annuellement vingt-quatre livres. En conséquence, il est déclaré que l'on doit pour les quinze années à échoir à la S. Remy prochaine la somme de 360 livres, que les comparants s'obligent de payer « aujourd'hui tous les saints prochains » et pour la suite, et à compter de la S. Remy prochaine, la somme de 24 livres annuelles, sans préjudice aux droits de relief, de chambellage et d'autres droits spécifiés en date du 12 décembre 1768, auxquels il ne sera dérogé en rien. Les comparants et le seigneur de Campagne promettent de remplir cet engagement sous l'obligation de leurs biens, et s'engagent à accepter pour juges MM. du Conseil d'Artois. Cette convention a été approuvée par les administrateurs et principaux habitants de l'église de Brimeux, et déposée sur le registre de la fabrique.

« Aveu des administrateurs de l'église de Beaurain-Château du 29 décembre 1780 :

Rapport, déclaration, aveu et dénombrement que nous, curé, marguilliers et principaux habitants du village de Beaurain-Château, administrateurs des biens et revenus de l'église paroissiale de Saint-Nicolas dudit lieu, servons et baillons, etc. — Comme dans les deux *Rapports* précédents. — Savoir : 2 mesures de terre à labour situées au terroir de Beaurain, au canton des Avenettes, venant à ladite église par donation a elle faite par Pierre Blaud, héritier de Balthazar (de Dourrier), tenant d'une liste vers midi au chemin de Coquempot au bois de Lianne, d'autre vers septentrion aux terres de l'hôpital de Coquempot, d'un bout vers orient à Jean-François Lesse-leingue, d'autre vers occident à Guillaume Campagne. Pourquoi, nous reconnaissons devoir, au nom de ladite église, pour le profit dudit seigneur, savoir : rentes foncière et seigneuriale s'élevant à 9 sols parisis payables à la S. Remy et à la Noël, par chaque mesure, soit 18 sols parisis, moitié à la S. Remy moitié à la Noël.

Nous reconnaissons de plus qu'il est dû à M. de Campagne un homme vivant et mourant, que nous nommons à cet effet en la personne de François Delahaye, jeune homme à marier pour après la mort dudit homme être dû audit seigneur de relief tous les 4 ans le droit d'indemnité, droit qui a été payé en 1741, et par conséquent il en sera exigible un autre en 1781. — Même conclusion que dans les deux actes précédents.

Obs. — Les 2 mesures citées font partie du fief de Bour-nonville-en-Campagne. Fait et passé au château du Valivon, le 29 décembre 1780. Jean-Baptiste Devienne, prêtre-curé ; Delahaye, Nicolas Robbe, Joseph Lejeune, Pierre-François Delahaye, Dupuis, J.-B. Rogeré, J.-F. Farré. » — *Archives*, tome 6.

Bien que ce ne soit pas l'*Histoire de Campagne* qui soit

traitée ici, il nous semble presque d'absolue nécessité de citer
les cantons, les rues, les ruelles et les flégards, noms ren-
contrés pour ainsi dire à chaque moment dans les archives
locales.

CANTONS DE CAMPAGNE ET DE LA NEUVILLE :

Canton du Fay ou du Faï, canton du Grand Fort, canton du
Petit Fort, canton de la Justice de Buires, canton des terres
des Essarts, canton du Garganson, canton du Petit Pré ou des
Petits Prés, canton de la Fourche de Campagne, aux Petits
Près, canton de la Croix Liévin ou Liévine, canton de Culétouppé, canton du Flochonnet, canton de la Creuse, canton de
la Vallée de l'Hôpital, canton du fond de Campagne ou du fond
du Valivon, canton de la Vallée de Saint-Remy, canton des
Hièves, canton du Camp du Fresne, canton du Chemin Vert,
canton du Hurtevent, canton de la Massuette, canton de la
Croix Quisnoy, canton du Buisson Devoisin, canton du Fond
Dacquin, canton du Buisson Langlet, canton du Buisson
l'Alouette, canton du chemin de Bar ou de Barre, canton
de l'Anglet du Bois de Beaurain, canton du Bois des Liannes,
canton de l'Anglet du Bois des Liannes, canton du Grand
Anglet de la Neuville, canton de la Vallée de Garganson,
canton du Bosquet Louis Devoisin, canton du Courtil Cavesne,
canton des Erlets ou des Herlets, canton des Mottelettes,
canton de la Vallée du Hamel, canton de Grétenent, canton du
Buisson Madame, canton du Raffleur, canton du Coquempot,
canton du fond d'Hesdigneul. Le Houssoye.

RUES DE CAMPAGNE :

Rue de Talonville ou grande rue ou chemin ou route
d'Hesdin à Montreuil, rue de Pacquier, rue d'Amoury, rue de
l'Hôpital, rue de la Creuse, rue des Petits Prés (de Campagne

à Buire), rue du Hamel, rue aux Patins (où se trouve la chapelle de Saint-François Régis), rue de la Cavée Saint-Michel, rue de la Bassée, rue de la Cavée du Hamel, rue de la Neuville, rue de Bar. Un de Croÿ fut allié à Jacqueline de Luxembourg, fille de Louis, comte de Saint-Pol et de Jeanne de Bar. Rue du Campet.

RUELLES DE CAMPAGNE :

Ruelle Pocquet, ruelle des Petits Prés ou ruelle de Pierre Lorges, ruelle de Gometz, ruelle d'Amoury (ces deux noms à propos de l'épouse de Robert de France Ier du nom lequel avait épousé Agnès de Gourlande, comtesse de Rochefort, dame de Gournai et de Gometz, veuve d'Amoury), ruelle de Patrice, ruelle de Buire ou Buirinoise, aujourd'hui rue de Buire, ruelle du Valivon actuellement route du Valivon, cavée Gambier.

FLÉGARDS DE CAMPAGNE :

Flégard de Talonville ou de la Grande Rue, flégard de la rue de la Creuse, flégard de l'Eglise ou du Presbytaire, flégard du Grétenant.

VOIES DE CAMPAGNE :

Voie Delattre, voie Buirinoise, voie Beaurainoise (où se trouve la chapelle des Affligés).

CHEMINS DE CAMPAGNE :

Chemin d'Hesdin, chemin de Montreuil, chemin de Garganson, chemin de la Vallée de Garganson, chemin du Hamel, chemin d'Hesdigneul, chemin de Floschonnet chaussée Brunehaupré, (la Croix des Templiers était élevée à mi-chemin de Campagne à Brunehaupré), chemin Vert, chemin Sagnier, chemin du Culétouppé, chemin de Saint-Remy, chemin de Gouy, chemin de Saint-André, chemin du Valivon, chemin de la Neuville, chemin du Bois des Liannes, chemin du Bois des Lianne à la Chapelle de Coquempot, (1) sentier de Campagne au Valivon. (2).

LES VICOMTES DE LA NEUVILLE DE CAMPAGNE.

Si le lecteur veut bien se reporter aux premières pages de ce travail, il y verra que l'origine des Testart, vicomtes de la Neuville et de Campagne, peut remonter vers le règne de Louis VI.

Or, les *Recherches généalogiques sur les comtés de Ponthieu, de Boulogne, de Guisnes et des pays circonvoisins*, par M. de la Gorgue-Rosny, t. III, p. 1441, disent :

« Testart (3). En Ponthieu et en Boulonnais. Porte écartelé aux 1 et 4 d'hermines aux 2 et 3 vairé de 5 traits. »

I

« Adam Testart, arbitre (4) à Abbeville en 1195. (*Cart. de Ponthieu*). »

---

(1) M. Braquehaye, fils, dans la *Picardie*, page 422, incline à penser, ainsi que les estimables auteurs qu'il cite, que j'aurais commis une interprétation erronée à propos de *Coquempot*.

Laissant de côté les appréciations étymologiques, lesquelles ouvrent toujours un champ très vaste et très conjectural, alors surtout que l'on se contente de trouver un sens puisé dans un idiome ou dans un autre, en écartant des faits corroboratifs, presque toujours si utiles et si appréciables à l'espèce, il me suffira pour aujourd'hui de remarquer que bien longtemps avant Henri IV, l'usage de mettre le *coq au pot* était suivi par la classe aisée, usage que le bon roi eût désiré voir s'étendre au profit de son peuple. Le roi de France et de Navarre n'était pas néologiste, mais bien un économiste s'ingéniant à trouver des moyens propres à améliorer le sort de tous ses sujets.

(2) *Errata.* — V. T. II, 2e série, p. 554, au lieu de *Prince de l'Épinoy*, lire : Prince d'Épinoy, — comme à la *note* p. 557 ; au lieu de *sujets ayant belle haleine*, lire : bêtes à laine.

(3) Nom primitif, de race, que portent les de la Neuville de Campagne.

(4) L'arbitre était un magistrat décidant sans appel.

II

« Jean I (1) Testart, écuyer, servait sous le sieur de Licques en 1254. »

III

« Jean II tient du prieuré de Saint-Pierre quatre journaux sur les vives eaux, près Abbeville ; et Jeanne Testarde (2), un tènement en neuvaine à Abbeville en 1340.(*Cœuil dud.Prieuré.*)»

IV

« Jean III, demeurant à Sarrequier (3), plaide contre Jean du Crocq, en la justice de Doudeauville, en 1462. (*Plaids de Doudeauville.*) »

« Jacques, sergent (4) du Roi et gardien de la ville d'Abbeville en 1470 ; il est encore nommé gardien, en place de Raoul Roussel, décédé, en 1477 ; il est aussi qualifié sergent de Monsieur le duc de Bourgogne en le comté de Ponthieu, et reçoit ses gages en 1471. (*Règ. de l'Echevinage.*)

---

(1) Pour me conformer à la généalogie ci-dessus, il est indispensable d'établir un nouvel ordre dans la filiation. V. la *Picardie*, année 1875-1876.

(2) Il n'est pas rare de rencontrer dans *les Archives* ce nom patronymique féminisé de la sorte.

(3) Ou Sacriquier et Sac-Riquier. Ils signifient Saint-Riquier.

(4) Officier dont les fonctions étaient de ranger l'armée en bataille, sous les ordres du général. Le sergent du Roi ou sergent d'armes était, de rigueur, gentilhomme. On doit à Philippe-Auguste l'innovation de sergents, affectés pour sa garde personnelle ; ils se distinguèrent notamment à la bataille de Bouvines, en 1214 ; ils étaient aussi gardiens des châteaux-forts et des villes fortes. Ils avaient, de plus, des privilèges particuliers, et *sergentaient* dans tout le royaume.

V

« Sandrin, archer des ordres sous Robinet du Quesnoy, 1475 ;

» Colinet (1), également archer des ordres sous Robinet du Quesnoy, en 1475 ;

» Notin ? Testart tient fief du sieur Mesliers, en Boulonnais, 1477 ;

» Collart, homme de guerre sous Messire Charles, seigneur de Rubempré, 1491. (*Gaign*). »

VI

« Mahieu (2), qui avait un fief à Réclinghen (3) tenu du bailliage de Desvres, et Jean III possédaient des terres à Vron, en 1502. (*Aveu de Vron, 9 mars 1502.*) »

VII

Louis I Testart, écuyer, seigneur de la Neuville et de la Folie, qui épousa Jeanne de Flahault, fille de Flahault, écuyer, seigneur de la Billarderie et de la Fresnoy. Il mourut en 1529.

---

(1) Cola, Colat, Colar, Collart, Colas, Collinet sont abréviatifs et synonymes de Nicolas. Du reste les noms se défigurent à chaque instant. Exemple : *Ernoul* des Lyons, sergent à cheval au bailliage d'Avesnes et d'Aubigny et portier du château d'Avesnes, en 1391 et 1396 (*Recherches généalogiques* par M. de la Gorgue-Rosny, t. I, p. 471), devient *Ernoulet*. Hector des Lyons, anobli le 9 février 1634. Antoine, fils d'Adrien et de Marguerite Devilliers, lieutenant particulier à la gouvernance d'Arras en 1644, avocat général en 1646, conseiller en 1663. Des Lyons porte d'argent à 4 lions rampants et lampassés et armés de gueules.

(2) M. de la Gorgue-Rosny dit t. III, p. 1228, l. 5 : Mathieu. Il est bon de rappeler l'usage suivi autrefois de ne faire aucune différence pour les prénoms Mahieu et Mathieu.

(3) Cette seigneurie appartenait, en 1385, à Pierre de Hardenthun, chevalier, à cause de Mme de Sainte-Aldegonde, sa femme.

Obs. M. de la Gorgue-Rosny n'en parle pas. Chaque lacune sera relevée.

VIII

Jean IV et Raud ou Rault frères, (tous deux oubliés par l'auteur précité) partagèrent la succession de Louis I, leur père, ouverte le 12 novembre 1529.

Jean IV Testart de la Neuville était chevalier de l'ordre royal et militaire de Saint-Louis. Il épousa en date du 2 janvier 1530, demoiselle Marguerite de Campagne, fille de Jean de Campaignes (1), écuyer, seigneur dudit lieu, et de demoiselle Charlotte de Bouthillier (2).

---

(1) Les *Recherches généalogiques* mentionnent quelques membres de cette maison : « David de Campaignes, chevalier, témoin d'une charte de Hugues Colès ou Colct de Beaurain, en 1210. (*Archives de Sainte-Austreberte de Montreuil.*) « Eustache et Jean, chevaliers de Campagne, 1202. Pierre de Campagne, 1262. Frère Garni de Campagne, commandeur, 1278. Enguerrand de Campagne, guerroya en 1337. Aléaume de Campaigne, écuyer, capitaine d'une compagnie de 36 écuyers et de 40 archers, en 1382. *(Manuscrit de la Bibliothèque royale.)* « Pierre de Campaigne, lieutenant, 1380. (*Aveu de Maintenay*'.

« Wiart de Campaigne, 1477 ; Baudin, 1499 ; Henri, censier du Valivon, 1499. Absolon de Campaigne, 1550. Philippe de Campaigne, écuyer, sieur de Bérimont, 1664 ; Charles de Campaigne et Antonie de la Croix, sa femme, 1664. (*Cartulaire de Saint-André-au-Bois*). »

La terre et seigneurie pairie, avec ses fiefs en dépendant, échoit à Dⁱˡᵉ Françoise de Mesgnot (de Mesgnault, de Maisgneul, de Maisgneulx, de Meigieux), femme de Monseigneur Jean du Cocquet, écuyer, capitaine, gouverneur et grand bailli du bailliage d'Hesdin. Puis elle passe à François et à Marguerite le Porcq, héritiers, qui la vendent à Messire de Beaumont, procureur fiscal de S. M. au bailliage d'Hesdin, et à Dⁱˡᵉ Marie de Saint-André, sa femme. On sait que Messire Charles des Essarts, chevalier, seigneur de Maisgneulx ou de Mesgneux, gouverneur de Montreuil, avait acheté de Messire Eustache de Croy la terre de Berck, « assise en France », avec les droits du guet de Verton, mouvant de la châtellenie de Beaurain, ainsi que les rentes foncières que ledit Messire de Croy possédait, à cause de Maresquel, à Verton.

(2) Les mêmes *Recherches généalogiques* disent : Boutillier, Bouteillier, Bouthillier. En Ponthieu. Porte d'azur à 3 bouteilles d'or 2 et 1.

Jean et plusieurs autres gentilshommes du Boulonnais reçurent, en date du 3 février 1550, des lettres-patentes du roi Henri II. Jean passa une transaction avec son fils aîné, Maurice, héritier de Marguerite de Campaigne, fille de Jean de Campaignes, à Montreuil le 6 mars 1557. Le 3 janvier 1559, il fait son testament devant Mes Malingre et Petit.

Raud meurt sans postérité, en 1573. La mort le frappa en activité de service auprès de Sa Majesté.

IX

Maurice ou Meurice Testart de la Neuville, écuyer, qui, suivant les *Recherches généalogiques*, « avait un fief tenu de cour en 1553 », était capitaine d'une compagnie de gens de pied. Il épousa Marguerite du Blaisel le 21 mars 1563, par acte passé à Calais, — ou à Boulogne au dire des autres documents, — et partagea avec son frère Rault II la succession de Raud I, leur oncle, ce à la date du 22 avril 1573.

M. de la Gorgue-Rosny dit que « Antoine est époux, en 1572, de Madeleine du Blaisel (1), sœur d'Antoine. »

Le même auteur ajoute : « Antoine, demeurant à Questrecques en 1609, veuf de Suzanne Maugis (2), sœur d'Antoi-

---

Jacques de Werquigneul, bouteillier du Boulonnais en 1477. Antoinette de Werquigneul transmet le fief de Bouteillerie en mariage à Jacques Le François, écuyer, avant 1550 ; et Isabeau Le François, leur fille, transmet ce même fief de Bouteillerie à Jean de Campagne, écuyer, sieur de Godincthun, qui le lègue à ses descendants. (*Fiefs du Boulonnais*). Adrien de Campaignes, écuyer, sieur de Longueville, fut marié en 1685 à D^{lle} Antoinette Postel, demeurant au village de Verton. Un Jean Postel est témoin d'une charte, en 1175, de l'abbaye de Corbie. — Postel porte d'azur à la gerbe d'or, liée de même, cantonnée de 2 étoiles d'or.

(1) Je sais de bonne source qu'il y eut, longtemps après, un Antoine-Joseph du Blaisel — de la Neuville, maréchal de camp en 1759.

(2) Il y a eu, 4 avril 1530, un sire Jean Maugis administrateur de l'hôpital de Montreuil. (*Titres de l'Hôtel-Dieu*).

nette Maugis mariée le 6 septembre 1584 à Louis d'Escault, écuyer. »

X

Jean V Testart de la Neuville, fils aîné, écuyer, seigneur dudit lieu et de la Folie, capitaine d'une compagnie de gens de pied d'un régiment à Boulogne-sur-Mer, accorda avec son frère puîné, Louis II, à la date du 27 janvier 1593, pour 400 écus qu'il était chargé de lui payer en vertu du testament de Meurice, leur père, décédé en son domaine de Sacriquier, paroisse et baronnie de Courset.

Louis II, frère cadet du précédent, accorda le 15 janvier 1593; se maria devant les autorités civiles le 11 et devant les autorités ecclésiastiques le 12 décembre 1606 à D^{lle} Claude de Saulbrüick (1).

XI

Daniel I Testart, écuyer, seigneur de la Neuville du Rossinoy, — que M. de la Gorgue de Rosny oublie aussi, — fut marié au Wast le 11 novembre 1652 à D^{lle} Louise d'Ouinet, fille de Philippe, sieur de Saint-Laurent. Daniel et sa femme furent présents aux deux contrats de mariage de D^{lle} Claude Testart, sœur et belle-sœur :

1° En 1650 ou peut-être bien, ainsi que le signale M. de Rosny, « le 22 juin 1649 », à Jean Rollet (2) le Vaillant,

---

(1) M. de Rosny écrit « Claude de Sobmirs ». C'est une incorrection manifeste; il aurait dû dire : de Saulbruicque, et plus correctement encore : de Saulbruick. Saulbruick et Salperwick sont similaires suivant les pays.

(2) Rollet, porte d'or au chevron d'azur, surmonté en chef de 2 molettes d'éperon de sable, et de une rose de gueules.

écuyer, sieur de Mauroy (1). M. de la Gorgue orthographie
« de Raullers et de Roullers » ;

2° En 1655 le 22 mars, Claude se marie à Jean de Corbault,
écuyer, sieur de Balinghem, lieutenant d'infanterie au régiment
de Rouville. M. de Rosny écrit « Courbos ». Assurément, où il
y a erreur, c'est à propos du millésime matrimonial qu'il porte
en « 1687 ». De 1655 à 1687, il y a de la marge !...

XII

Daniel II Testart de la Neuville, fils de Daniel I et de
D^me Louise d'Ouynet de Saint-Laurent, — dont ne parle point
non plus M. de la Gorgue, — fut baptisé le 17 octobre 1653,
et se maria le 23 février 1694 à D^lle Austreberthe Wlart,
fille de Jacques Wlart, écuyer, seigneur et baron d'Alif,
d'OEuf, etc., et de D^lle Charlotte du Bosquet, fille de du
Bosquet, écuyer, seigneur de Gadimetz, demeurant à Zoteux.
Daniel mourut en activité de service. Lui et sa femme firent
enregistrer leurs armoiries en 1697 (2).

XIII

Jean VI Testart de la Neuville — du Rossinoy et de Saint-
Eloy (en Vimeux), épousa :

1° Le 12 février 1681, D^lle Louise Le Marthé Wlart (3), dont
il n'eut point d'enfant ;

2° Le 14 décembre 1683, D^lle Marie-Anne-Françoise Postel,

---

(1) Le fief de Mauroy, sis paroisse de Longfossé, tenu du bailliage de
Desvres, était possédé en 1520 par Jacques de Raullers, lieutenant
général en la sénéchaussée du Boulonnais.

(2) Voir le *Registre de Picardie*, p. 338, à la Bibliothèque royale.

(3) Dans la *Maintenue* il est dit, par mégarde « Enlart ». Faute du
copiste.

fille de François Postel, écuyer, seigneur du Valivon, et de D^{me}
Marie Suzanne de Coupigny dont les armoiries sont Graville et
non « Granville », bévue de copiste. M. de la Gorgue-Rosny est
muet, en ce qui concerne Jean VI qui eut pour enfants, entre
autres : Messire Charles qui suit ; et Jean François, mort à
Amberg (Bavière), par suite de ses blessures reçues dans une
bataille rangée. (V. *la Picardie*, année 1875-1876, p. 458).

XIV

Messire Charles Testart, chevalier du Valivon, vicomte de la
Neuville et de Campagne, né le 20 janvier 1687, fut officier ;
il se maria le 5 mai 1717 à D^{lle} Wartel d'Allouagne (1).
M. de la Gorgue-Rosny ne va pas au-delà de Charles dans ses
Recherches généalogiques. Complétons.

XV

Messire Charles-François, vicomte de la Neuville et de Campagne, né le 13 février 1733, se maria le 9 août 1762 à D^{lle} Anne-
Françoise-Josèphe d'Artois d'Avondance (2). *Archives*, t. I,
p. 283. *La Picardie*, 1875-1876, p. 462, 463, 464.

Ces époux eurent, entre autres enfants : Charles-Joseph de
l'armée des Princes, commandeur ; Jean-Baptiste-François-
Marie, Ier de ces prénoms, tué à Quiberon ; Jean-Baptiste-
Francois-Marie, IIe du prénom, qui suit, capitaine.

---

(1) Wartel, porte d'or au chevron d'azur à 2 étoiles en chef et un
croissant en pointe d'argent. Jean-Baptiste-Joseph, du conseil d'Artois,
meurt sur l'échafaud révolutionnaire en 1794.

(2) Françoise-Elisabeth-Ursule d'Artois, sa sœur, épousa Jean-
Baptiste de Monck, chevalier, seigneur d'Ergny ; ils eurent pour fils
messire Antoine de Monck. Les de Monck sont d'origine anglaise ; un
général de ce nom, à jamais célèbre, rétablit sur le trône, le 8 mai 1660,
le roi Charles ; et des lettres de noblesse furent sa récompense. Le
baron de Monck fut inhumé à Westminster.

XVI

Jean-Baptiste François-Marie, IIᵉ de prénoms, né le 11 janvier 1780, épousa Marie-Joséphine de Poupart.

XVII

D'où : Adolphe-François-Hubert, vicomte de la Neuville.

Après cette généalogie succincte, puisée dans l'ouvrage de M. de la Gorgue-Rosny et dans les Archives de la famille, voici un aperçu sur le fief noble de la Neuville.

La seigneurie pairie vicomtière ou vicomtale, ou la vicomté de la Neuville a la même origine que celle de Campagne, sa voisine. Toutes deux étaient investies de la haute, de la moyenne et de la basse justice ; elles payaient 10 livres parisis de relief. Elles émanaient, — abstraction faite de leurs premiers possesseurs mêlés plus tard aux Romains, leurs dominateurs, — elles relevaient immédiatement comme vassales des comtes de Ponthieu, de ceux de Saint-Omer, de ceux de Saint-Pol et enfin, dans ces derniers siècles, de la châtellenie de Beaurain démembrée du comté de Saint-Pol son suzerain (1), lequel étendait son vasselage jusqu'à Abbeville.

_____

(1) Saint-Pol était un château-fort, construit par les Romains ; autour, se groupèrent des habitations qui, avec la succession des années, formèrent une ville murée. Le comté formait originairement une souveraineté indépendante où l'on battait monnaie, décrétait des impôts, levait des troupes ; mais lors de l'invasion normande, en 880, les comtes de Boulogne-sur-Mer s'en emparèrent et le substituèrent en fief, dont ils dotèrent un des leurs qui le porta, par suite d'alliance, aux comtes de Ponthieu jusqu'à Guillaume Iᵉʳ, lequel, aidé par Lothaire, le reprit en 965 sur Arnoul le Jeune, comte de Flandre, et en investit son fils puiné Hugues.

Saint-Pol fut assiégé par les comtes de Flandre en 1117, en 1120,

Avant d'aller plus loin, voyons ce qu'était la châtellenie de
Beaurain. D'abord, forteresse érigée comme tant d'autres, surtout dans le voisinage de la frontière, devant concourir à la
défense du pays ou devant aider à l'expulsion des Normands ;
elle était ceinte de tours, de fossés, et on y accédait par un
pont-levis fermé par une herse. Indépendante alors, elle ne relevait que d'elle-même. Dépendante depuis, déchue de sa suze-
raineté, elle était soumise immédiatement, dans l'ordre hiérarchique, au comté de Saint-Pol. Elle avait, à une époque relativement moderne, sous sa mouvance médiate, un assez grand
nombre de seigneuries, savoir : Hesmond, Offin, Maresquel,
Ecquemicourt, Bureuilles, Gouy, Saint-Remy, la Neuville,
Campagne, Ecuires, Verton, Vron, Waben, Berck et Merlimont.
Cette adjonction de terroirs seigneuriaux, situés en Artois, faisait partie intégrante, en 1530, du bailliage royal provincial
d'Amiens (1).

Peut-être verra-t-on avec plaisir, après cette étude som-
maire des lieux, les noms des « hauts et puissants châtelains
de Beaurain ». Apparaissent : les Tyrel de Poix, les Oston de
la maison de Saint-Omer, les Baudouin de Créquy (2) marié à

---

en 1140 et par les Anglais en 1380, voire par Charles-Quint, en 1537.
La France le recouvra en 1659. Son territoire avait 15 lieues et se com-
posait de 360 villages soumis à sa juridiction.

Les comtes de Saint-Pol sont célèbres, et occupent une place distin-
guée dans nos annales. Il y en a eu qui furent chanceliers, ambassa-
deurs, gouverneurs, conseillers, grands bouteilliers, chambellans, conné-
tables, prélats, ducs, pairs.

(1) Le *coutumier général* fut imprimé à Hesdin en 1517, d'après le
texte latin de Nicolas de Bours, lieutenant général au siège de Montreuil.

Il fut réimprimé, en 1614, à Paris. Messire de Harlay, premier président au Parlement, en accepta la dédicace.

(2) L'abbé Moréri, dans son *Grand Dictionn.*, en donne la généalogie.

Alix dame de Beaurain, les Raoul comte d'Eu, marié à Béatrix
de Saint-Pol. Le descendant de ce dernier a le malheur d'en-
courir la disgrâce du roi de France ; Philippe VI confisque et
réunit au domaine de sa couronne la châtellenie de Beaurain,
dans la suite abandonnée généreusement par le roi Jean II à
ses favoris, entre autres à Robert de Lorris et à Jean son frère,
qui lui succède. La châtellenie est transmise après à Esmont
de la Motte et à Jean de Dauville. Succèdent à ce dernier :
Oudart de Renty et Enguerrand de Coucy. Après celui-ci, elle
revient à la couronne, c'est-à-dire à Charles VI qui en dote les
de Croy (1) lesquels la conservèrent par transmission directe,
jusqu'à ce que le roi Louis XIV vint à en faire le retrait et
l'exerçât un certain laps de temps, puis la leur rendit. Mᵐᵉ Anne-
Marie-Louise-Joséphine-Charlotte, née princesse de Croy ou de
Croï et du Saint-Empire Romain, grande d'Espagne de première classe, marquise douairière de Leyde et de Forest,
châtelaine de Beaurain, d'Houdain, de Marésquel, etc. etc.
clôt l'ère féodale. M. de la Gorgue-Rosny, dans ses *Recherches
généalogiques;* M. de Calonne, dans son *Dict. hist. et arch.*,
étant l'un et l'autre plus explicites, peuvent être consultés avec
profit.

Nous bornons-là ces renseignements sur le comté, jadis
suzerain, de Saint-Pol et sur la baronnie de Beaurain, sa
sous-suzeraine immédiate ; et nous allons passer aux détails
concernant les seigneurs de la Neuville, relevant des châtelains
de Beaurain.

Disons tout de suite que, à l'exemple des comtes rendant
leurs terres héréditaires, les vicomtes ou vidames les imitèrent,
mais tout en continuant de relever des comtés.

Or, Jehan Testart, écuyer, sieur de la Neuville, présente

---

(1) Autrefois on écrivait de Croy, Le Fay, et l'on prononçait : de
Croï, Le Faï. Louis s'écrivait et se prononçait : Louïs.

en 1329 un dénombrement de son fief pairie au roi Philippe VI. Voici le préambule d'aveu :

Jehan Testart, écuyer, offre à Sa Majesté, à cause de sa châtellenie de Beaurain, le dénombrement de la terre et seigneurie de la Neufville d'une contenance de 80 journeulx, où il a basse, moyenne et haulte justice, avec prépondérance sur flos, flégards, chemins, voiriés communes, plaches publicques, amendes, confiscations et tous autres droits, et prééminences et prérogatives. — *Archives, feuilles détachées.*

A la date du 22 juin 1613, François Guérard (1) fait le dénombrement du fief noble de la Neuville, qu'il avoue ténir en foi et hommage par 10 livres parisis de relief, « à hault et puissant seigneur Monseigneur Claude de Croy (ou de Crouy), comte de Rœux (ou Rœulx), etc., gentilhomme de S. M. catholique », et ce, à cause de sa châtellenie. — *Archives,* t. II, p. 484.

Antoine Guérard, sieur de Beaufay, fait, le 20 décembre 1614, un dénombrement de sa terre et seigneurie de Beaufay située aux village et terroir de Gouy, en faveur du comte de Rœux. L'importance de cet immeuble est identiquement la même, en nombre de mesures de terres, que pour son autre fief de la Neuville. Il y avait maison, grange, étables, colombier ; même remarque quant aux termes déclaratifs. En voici quelques-uns : « En l'estendue duquel, mondit fief et perrie, ses appartenances et dépendances, j'ai justice et seigneurie que aux perries appartiennent, suivant la coustume du bailliage d'Artois et de Saint-Paule (*sic*) et en particulier de laditte chastelleine de Beaurain avec tous autres droits, confiscations et amendes que a haut justicier et vicomtier sur flos, flégards, voirries, n'estant mondit fief et perrie bannier au bois de Beaurain pour y quérir et prendre bois mais bien au moulin et tenu de mesurer la

---

(1) Guérard sieur de la Neuville, porte de gueules à 3 croissants montants d'or.

manse de mon chef-lieu après le premier angrené, advouant
tenir mondit fief en foi et en un seul hommage à perrie par
10 livres parisis autant d'aide, quand le cas y échet, avec
service de plaid touttefois que j'en suis sommé suffisamment et
adjourné ». — *Arch.* t. II, p. 500.

François-Guérard, sieur de Campigneulles, bisaïeul de Anne-
Françoise Postel de la Rossinoy, a été marié deux fois. Du
premier lit, il eut deux enfants : Marguerite et Jacques ; du
second lit, il eut six enfants : Charles, sieur de la Neuville,
Antoine, (religieux Carme), Jeanne, Claude sieur du Valivon,
Marguerite mariée au sieur du Pont de Cantépie, Anne mariée
à Maximilien Postel, sieur d'Aubercourt. Jacques fait son testament en 1639.

Charles Guérard de la Neuville formule dans les termes
usuels, le 7 avril 1695, son aveu et dénombrement à « très
haut, très puissant, très excellent et invincible monarque
Louis XIVᵉ le Grand, roi de France et de Navarre »; de qui
relève directement la terre de la Neuville-lès-Campagne, et à
qui il était dû pour relief, le cas échéant, 10 livres parisis de
relief et lettres de chambellage et droit d'aide avec service de
plaid de quinzaine en quinzaine en la Cour de S. M., à Beaurain, avec pairs et compagnons y étant suffisamment évoqués.

Puis après les Guérard, arrivent les d'Urre (1) à la seigneurie

(1) Maintenues de noblesse de Claude d'Urre et de Marie-Gabrielle
Briet, sa femme :

« Généralité d'Amiens. Abbeville, registre Iᵉʳ, nº 9 *bis*. Par ordonnance rendue le 8 du mois d'août de l'an 1698 par MM. les commissaires généraux du conseil, députés sur le fait des armoiries.

» Celles de Claude d'Urre, seigneur de Clanleu et celles de Marie-
Gabrielle Briet, sa femme, telles qu'elles sont ici peintes et figurées,
après avoir été reçues, ont été enregistrées à l'Armorial général, dans
le registre cotté gᵗᵉ d'Amiens, en conséquence du payement des droits
réglés par les tarif et arrest du conseil du 20ᵉ de novembre de l'an

de la Neuville, ainsi qu'à celle de Beaufay. L'abbé Moréri donne la généalogie des d'Urre, originaires de Valence (Dauphiné).

Claude d'Urre de la Neuville, écuyer, seigneur dudit lieu, demeurant à Maintenay, fait ses rapport, aveu, dénombrement qu'il a l'honneur de présenter à « très haut, très puissant seigneur Messire Ferdinand-Gaston-Joseph de Croy, comte de Rœux, prince du Saint-Empire, chevalier de l'Ordre de la Toison d'or, grand d'Espagne de la première classe héréditaire, seigneur, baron et châtelain de Beaurainville, de Beaurainchâteau, d'Houdain, seigneur de la Motte, etc., etc. » Le fief de Beaufay appartenait également, en ce temps-là, à d'Urre. — *Arch.* t. III, p. 148-159.

Messire Claude II d'Urre, chevalier, seigneur de Bimont, de Bettencourt, etc., et dame Elisabeth-Charlotte le Blond (1), son épouse, héritière de Pierre le Blond, sieur de Limont (*Arch.* t. IV, p. 716), capitaine de cavalerie au régiment de Montreuil, prêtent 3,000 livres, moyennant intérêt de 125 livres, à Messire Jean de Gaillard de Lannoy, sieur d'Ambreville, comme fondé de procuration de Messire Nicolas-René de Gaillard, fils et héritier de Jean de Gaillard de Lannoy. — Acte passé chez Desrobert, à Abbeville, le 27 juillet 1701.

1696. En foi de quoi le présent brevet a été délivré par nous Charles d'Hozier, conseiller du roi, et garde de l'Armorial général de France, etc. » A Paris, le 12e du mois d'août de l'an 1698. D'Hozier. » — Original en beau parchemin, avec armoiries parfaitement dessinées et coloriées. — Remarque : D'Hozier n'avait point l'habitude de blasonner. Comblons cette lacune : Messire Claude d'Urre, seigneur de Clenleu, porte d'argent à la bande de gueules chargée de 3 étoiles d'or, et mi-partie (ce sont les armoiries de Marie-Gabrielle Briet, femme d'Urre) de gueules à une croix d'argent chargée de 5 mouchetures d'hermines de sable. — *Arch.* t. III, p. 20.

(1) Le Blond, porte d'azur au chevron d'or à 3 roses d'argent, 2 et 1. — *Arch.*, t. III, p. 20.

16

A la date du 22 janvier 1727, les époux d'Urre-Le-Blond, héritiers de Maistre François Le Blond, vivant doyen d'Ailly-le-Haut-Clocher, font assigner Louis Lejeune, laboureur à Famechon, pour passer un titre nouvel relatif à une obligation de 260 livres, portant intérêt de 13 livres par « chacun an. » — *Arch.* t. IV, p. 702.

Antoinette-Charlotte d'Urre fut unie à Messire Louis-François de la Houssoye (1), chevalier, seigneur de Neuvillette, vicomte de Mézicourt, de Gouy et d'autres lieux. Ils demeuraient à Campagne-lès-Hesdin. — *Arch.* t. I, p. 287.

Bertronval était un fief noble appartenant aussi aux d'Urre, chevaliers, comtes de Mézeracques, où ils construisirent un château en 1660. — En 1771, la dame de Bertronval épousa Messire François Ghislain, baron de France de Vaulx.

Nicolas-Claude d'Urre, écuyer, seigneur de Bimont, de Clenleu, eut une fille nommée Charlotte-Catherine-Claudine. Messire Louis-François de la Houssoye, chevalier, seigneur de Neuvillette, vicomte de Mésicourt de Gouy, etc. ; dame Antoinette-Elisabeth d'Urre, son épouse, vendent en 1734 leur seigneurie de la Neuville à Messire Charles Testart, écuyer, seigneur de Campagne, etc., fief possédé jadis par sa famille, mais qui, à proprement parler, n'est jamais sorti de la maison.

DOCUMENTS RELATIFS A LA RÉVOLUTION.

Remise, par M. Testart de la Neuville, du plan de l'église de Campagne.

L'an 1793 le vingt et un janvier, l'an deuxième de la République française.

Nous maire et officiers municipaux de la municipalité de

---

(1) La Houssoye porte d'argent coupé d'azur au lion de gueules brochant sur le tout, couronné d'or et lampassé de même.

Campagne-lès-Hesdin, reconnaissons que Charles-François
Testart, domicilié au Valivon, nous a aujourd'hui remis le plan
qui a été fait de l'église de Campagne, avec deux devis et
procès-verbal, qui annonçait la reconstruction de la nef en date
du 22 mars mil sept cent quatre-vingt-trois, dont nous lui
donnons bonne et valable décharge pour servir que de besoin.

Au Valivon, lesdits jour et an que dessus, et avons signé :
Roch Petit, maire ; Ramet fils, officier municipal ; Deboffe,
officier public. — *Archives, Tome 2, page* 159.

MUNICIPALITÉ DE SAINT-ANDRÉ.

Arrestation des ci-devant nobles.

Conformément à la copie de l'arrêté des Représentants du
peuple, à l'armée du Nord, St-Just, Lebon, envoyée par le
District de la Montagne (1), sous la date du 27 pluviôse, ce
que nous avons reçu le 30.

Nous Agent national, officiers municipaux du Conseil général
de la commune de St-André, assemblés au lieu de nos assemblées ordinaires, nous avons mis en arrestation et au secret :

Le citoyen Charles-François Testart (2), maire de ladite
commune (3) demeurant au château du Valivon ;

Anne-Françoise-Josèphe Dartois (4) son épouse ;

Jean-Baptiste-François-Marie ;

Charlotte-Ursule ;

Victoire ;

Leurs fils et filles ;

---

(1) Epithète substituée, durant la Terreur, à Montreuil-sur-Mer.

(2) De la Neuville-de-Campagne-du-Valivon. Ces titres, de par la
Révolution, sont supprimés. — Désormais, le roi s'appellera Capet.

(3) A cette époque, Saint-André, Brunehaupré, Bloville et le Valivon
formaient, réunis, une commune.

(4) Au lieu de : d'Artois. La particule est abolie.

Et Hubert Dartois, neveu desdits époux (1).

Leur avons donné pour gardien, ce que a accepté, le citoyen Louis-Joseph Vergeot (2) de la commune de Campagne ; avons nommé le citoyen Ferdinand Riquier, notable de cette commune, pour leur signifier ladite arrestation.

Fait en Chambre commune, le premier Ventôse, la deuxième année républicaine.

Ferdinand Riquier, notable, Dannel, notable, Louis-Joseph Vergeot, Leblond, P. A. Lemoine, notable, L. Leblond, secrétaire président. » — *Archives, Tome I, page* 183.

<h3 align="center">Relevée des Gardes.</h3>

« Les deux Citoyens, porteurs du présent, relèveront aujourd'hui les deux hommes (3) qui ont été envoyés ce matin chez le Citoyen Testar du Valivon.

A Saint-André, le 21 Ventôse, an 2e. A. J. Testu. » — *Archives, T. I, p.* 179.

<h3 align="center">Mise en arrestation des de la Neuville a Sainte-
Austreberthe de Montreuil.</h3>

« *Maison d'arrêt. Registre des Papiers de la Maison d'arrêt* (4).

Extrait du Registre de la Maison d'arrêt (Sainte Austreberthe) de Montreuil :

---

(1) Jean-Baptiste-François-Marie et Charles-Joseph, frères, de la Neuville étaient officiers en activité, sans cela ils eussent partagé le même sort.

(2) Vergeot était l'un des domestiques du château ; ses services étaient zélés, et certes il ne tourmenta nullement ses maîtres pendant leur pénible séquestre.

(3) Il paraît que la garde était doublée. La position devenait de plus en plus critique.

(4) Ce Registre a été transféré de Montreuil à la Bibliothèque des Archives de Saint-Vast d'Arras, où il se trouve actuellement.

N° 31. Cellule. 1 lit : Testart, Charles-François, ci-devant noble, demeurant au Valivon, commune de Saint-André, incarcéré le 3 Germinal ;

N° 74. Places : 3 lits : Dartois, Anne-Françoise-Josèphe, femme de Testart, ci-devant noble, au Valivon, commune de Saint-André, incarcérée le 3 Germinal ; Testart, Charlotte-Ursule, ci-devant noble, fille des époux Testart-Dartois, incarcérée le 3 Germinal ; Testart, Francoise-Victoire, ci-devant noble, fille desdits époux, incarcérée le 3 Germinal ;

N° 36. Cellule. 1 lit : Testart, Jean-Baptiste-François-Marie (2ᵉ des prénoms), ci-devant noble, fils des époux Testart-Dartois, incarcéré le 3 Germinal ; Dartois, Hubert, ci-devant noble, neveu des époux Testart-Dartois, et demeurant chez eux, incarcéré le 3 Germinal » (1).

Entrés le 3 Germinal à la Maison d'arrêt, jadis Abbaye royale de Sainte-Austreberthe, les de la Neuville et leur parent d'Artois en sortent le 7 Thermidor, an deuxième.

Campagne n'était point révolutionnaire ; il chérissait ses maîtres : aussi, quand la mauvaise heure sonna, il leur prouva un dévouement sans réserve, envoyant force pétitions et certificats pour délivrer ses chers châtelains. Le repaire des tigres était ailleurs.

Parmi les Campagnards, un seul fit scission : Lavoilla. Le pauvre diable devint tout à coup exalté, lors des jours sanglants ; ses élans pleins d'effervescence se calmèrent néanmoins.

Je le vois encore assis à la cheminée, ployé sous le faix des ans, l'air silencieux, les yeux rouges et affectés d'un clignotement perpétuel...

---

(1) Sur le Registre figurent parmi cent autres détenus : de Longvilliers, des Groseilliers, des Essarts, de Beaucoroy, du Tertre, du Breuil, de Monchy, de Cossette, le Cocq, le Porcq, de Boisrobert, de Laverdy, de Pontbriant, etc., etc., voire des bébés et des bonnes.

Complétons, Fillotte, pauvresse de Campagne, jeune et timide, que l'on hissait sur l'autel pour servir de Déesse-Raison. La pauvre fille, toute tremblante et toute-déconfite de l'affreux rôle païen, prenait en patience son tourment... Disons-le avec bonheur : des prêtres traqués trouvèrent chez les Campagnards un refuge sûr, dévoué.

APPLICATION DE LA LOI DU 1ᵉʳ FLORÉAL.

« *Extrait du Registre aux actes de production des Titres, et aux Déclarations faites par tous copropriétaires avec des Emigrés, en exécution de la loi du 1ᵉʳ Floréal.*

Aujourd'hui vingt-quatre Prairial, l'an troisième de la République française une et indivisible, sont comparus le citoyen Charles-François Testart, cultivateur (1), demeurant au Valivon, commune de Saint-André ; et Anne-Françoise-Josèphe Dartois, son épouse de lui autorisée.

Lesquels, pour satisfaire à la loi du 1ᵉʳ Floréal dernier, ont déclaré que ladite citoyenne Dartois est copropriétaire avec Antoine Monck, demeurant à Ergny ; et de défunte Catherine Dartois, sa femme, des biens ci-après désignés, dont ils prouvent leurs propriétés par moitié indivises avec ledit mineur, propriétaire de l'autre moitié, par la production qu'ils font des titres dont la description suit :

Premièrement: Copie en bonne forme et testament d'Anne-Françoise Dartois, épouse de François-Alexandre Bryas, passé devant Cornuel et Cateau, notaires en la ci-devant province d'Artois, le 11 novembre 1743, par lequel elle a, entre autres dispositions, légué les biens fonds, qu'elle devait délaisser à François-Alexandre-Jean-Baptiste Dartois du Valvalon et à Jeanne-Françoise-Ursule Dartois, sa sœur, épouse de Noir-

---

(1) *Cultivateur !* Le terme répondait à une précaution de sécurité.

carme (1) pour être partagés entre eux, à condition, entre autres, que ce qui était donné et laissé audit Dartois du Val-valon, retournerait après son décès auxdites Anne-Françoise-Josèphe et Catherine Dartois, pour être partagé entre elles, sauf que la première auroit en préciput.

Secondement. L'expédition, aussi en bonne forme, du partage des successions mobiliaires et immobiliaires dudit Dartois Duvalvalon, fait entre les enfants et petits-enfants, devant Gallet et son confrère, notaires d'Artois, le 19 mai 1786, duquel il appert, qu'entre autres objets, il est échu auxdites Anne-Françoise-Josèphe et Catherine Dartois les biens situés à Avondance et au Biez.

Ces biens indivis consistent :

1° En une ferme, bâtiments, granges, étables, cour et jardin, manoirs, terres à labour, prés flottis et bois avec toutes les appartenances et dépendances situés sur les terroirs du Biez et d'Hénonville. Ladite ferme exploitée par Antoine Herly, cultivateur au Biez ;

2° En trois autres manoirs amasés de maisons et autres bâtiments situés au Biez occupés par Madeleine Adam, veuve Wacquet, Antoine Defrance et Marie-Anne Marolles, veuve de Jacques Petit ;

3° Et en une ferme et dépendances situées à Avondance et terroir dudit Biez, exploitées par Jacques Leclerc, consistant en bâtiments, grange, étables, cour, jardin, vingt mesures de pâtures et de terres à labour.

De plus, pour se conformer aux articles 119 et 120 du titre cinq de ladite loi du 1er Floréal, lesdits Testart et son épouse déclarent que leurs biens indivis sus désignés se trouvent situés dans les Districts de Montreuil et de Boulogne. Le par-

---

(1) Mre de Noircarme (ci-devant noble).

tage doit en être fait conformément audit article 120 de la loi pour l'administration du département du Pas-de-Calais.

Desquelles déclarations et productions les–déclarants ont requis acte à eux octroyé, et ont signé avec le Secrétaire.

Collationné par le Secrétaire du district de Montreuil-sur-Mer, soussigné, Desteuque. » — *Archives, Tome* 3, *pages* 100, 101, 102.

Arrêté du Directoire du District de Montreuil-sur-Mer.

« *Extrait du Registre aux arrêtés du Directoire du District de Montreuil-sur-Mer.*

Séance du dix-sept Messidor, an 3ᵉ de la République française une, indivisible.

Vu la pétition de Charles-François Testar, cultivateur, demeurant au Valivon, commune d'André-au-Bois (1), canton de Campagne, du 14 du présent mois, expositive ; qu'il est porté sur la liste générale des Emigrés, sous le nom de Testart de la Neuville du Valivon, propriétaire d'un bien à Conteville, canton de Guéchard, district d'Abbeville.

Que n'étant jamais sorti du territoire de la République, ainsi qu'il le prouve par le certificat qui y atteste sa résidence, il demande à être rayé de cette liste et de toutes celles où il aurait pu être porté, et la main-levée du séquestre qui a été établi sur ses biens.

Vu aussi le certificat de dix témoins, donné par le Conseil général de la commune d'André-au-Bois le 7 Prairial dernier, vu et vérifié par les administrateurs de ce District et par ceux du Département le 23 dudit mois et le sept Messidor présent mois, bien et dûment enregistré au Bureau de Montreuil le 13

---

(1) On remarquera que l'adjectif *Saint* est supprimé. Les jours deviennent de plus en plus malheureux. Tout fait ombrage : non-seulement les hommes, mais encore les choses.

du même mois, qui atteste la résidence du pétitionnaire de la
commune d'André-au-Bois, depuis le 9 Mai 1792 jusqu'audit
jour, sept Prairial dernier, *sauf qu'il a été détenu, comme ci-*
devant noble, en la Maison d'arrêt dite Austreberthe de Montreuil
depuis le 3 Germinal jusqu'au 7 Thermidor de l'an 3° (1).

Le certificat donné par le citoyen Aubert, directeur de cette
Maison d'arrêt, qui atteste que le pétitionnaire est entré en
cette Maison d'arrêt ledit jour 3 Germinal de l'an deux et qu'il
en est sorti le 7 Thermidor suivant.

Le certificat des Maire et Officiers municipaux de la commune de Montreuil, qui atteste la qualité de Directeur qu'avait
le citoyen Aubert, visé par les administrateurs de ce District et
par ceux dudit Département, les 4 et 7 Messidor présent mois,
aussi dûment enregistré.

Les Administrateurs composant le Directoire du District de
Montreuil-sur-Mer, ouï le rapport et le procureur syndic :

Considérant que la résidence sans interruption du pétitionnaire sur le territoire français, depuis le 9 Mai 1792 jusqu'au 7
Prairial dernier, est pleinement justifiée, et que l'inscription
de son nom sur la liste des Emigrés ne peut être que l'effet de
l'erreur ;

Arrêtent, que Charles-François Testard (*sic*), cultivateur,
demeurant au Valivon, commune d'André-au-Bois, sera provi-
soirement rayé de la liste des Emigrés et de toute autre où il
aurait pu être porté, et que le séquestre établi sur ses biens
sera levé ;

Arrêtent, qu'en conformité de l'article 22 du titre de la loi
du 25 Brumaire dernier, l'expédition du présent arrêté sera
adressée au Comité de législation de la Convention nationale
après, toutefois, qu'il aura été statué par cette Administration
sur les dénonciations ou réclamations. Si aucune ne lui parvient

---

(1) Termes soulignés dans l'acte original.

à la charge du pétitionnaire, d'après les renseignements ultérieurs que le Procureur syndic de ce District sera tenu de se procurer dans le mois sur son compte de la part des communes et administrations de département, où le certificat de sa résidence a été délivré, où qu'elle aura adressé une déclaration qu'il n'en existe aucune à sa charge pour sa dite déclaration être jointe au présent arrêté et envoyée tout de suite au Comité de législation ;

Arrêtent, enfin, que jusqu'au jugement définitif, sur la déclaration du citoyen Testart, l'aliénation de ses biens lui est interdite, et qu'expédition du présent arrêté sera remise au Procureur syndic pour qu'il ait à se conformer aux dispositions qu'il contient.

Collationné par le Secrétaire du District de Montreuil-sur-Mer, soussigné : Desteuque, secrétaire. » — *Archives, Tome* 7, *pages* 77, 78, 79, 80.

CERTIFICAT DE CIVISME.

« *Liberté, Egalité, Fraternité* (1). — Commune de l'Union-au-Bois (2), ci-devant Saint-André, du chef-lieu de canton de Campagne, Département du Pas-de-Calais.

DISTRICT DE MONTAGNE.

Nous, Maire, officiers municipaux du Conseil général de la commune de l'Union-au-Bois, ci-devant Saint-André.

Sur la demande que nous a faite le citoyen Charles-François Testart, domicilié dans cette commune, d'un Certificat de civisme ayant subi les trois jours d'affiches prescrits par la loi, et qu'à l'appui de sa demande est joint l'avis de la commune

---

(1) Ces substantifs sont soulignés dans le document original.
(2) Autre variante de Saint-André, d'André-au-Bois.

sur son civisme, ainsi que la quittance de sa contribution pa-
triotique, celle de son imposition mobiliaire de l'année entière
de 1793 V. S. et année antérieure, ensemble :

1° Le Certificat qui atteste que ledit citoyen Tétar n'a point
été compris dans la liste des Emigrés de ce département, et
que ses biens n'ont point été mis dans le séquestre ;

2° Celui de la commune de son domicile, constatant qu'il y
a toujours résidé depuis 1789, V. S. et qu'il en a été même
maire pendant quarante ans, jusqu'au moment de sa détention
à la Maison d'arrêt, comme noble, et suivant sûreté des
traitres, Saint-Just et Lebon, ayant besoin de voyager pour ses
affaires dans les départements du Pas-de-Calais et de la
Somme.

Le Conseil général arrête et déclare que le présent lui est
délivré pour Certificat de civisme, conformément aux lois du
30 Janvier, 5 Février, 19 Juin de l'année 1793 :

Ledit Testart, de sa profession cultivateur, âgé de soixante
et un ans, taille de cinq pieds deux pouces, cheveux et sourcils
châtains et gris, les yeux bleus, le nez ordinaire, la bouche
moyenne, le visage rond, portant belle couleur, le menton
rond.

Fait en la Maison commune de l'Union-au-Bois, le six Vendémiaire, 3ᵉ année républicaine. Ledit Tétar a signé avec nous.

Ch. Fr. Testart, cultʳ, L. Duhamel, off., Ferdinand Riquier,
not., Jean-Baptiste Sérin, off., F. Poussart, N., O. Tanfin,
Dannel, N., Leblond, secrétaire, greff., Testu, maire et président.

Vu par nous Président et Secrétaire greffier, le Certificat de
civisme du citoyen Testart, de la commune de l'Union-au-Bois,
présenté en la séance de la Société populaire de Campagne, et
a été reçu à l'unanimité.

En conséquence, y avons fait apposer le scel de cette Société, et avons signé le Certificat.

Le 20 Vendémiaire, troisième année républicaine : L. Danvin, Président ; Bridenne, Secrétaire.

Vu et approuvé par nous, Membres du Comité révolutionnaire du District de Montagne-sur-Mer, en séance publique et permanente.

Le vingt et un de Vendémiaire, an 3ᵉ de la République française une et indivisible : Massiet, Doucet, Ramet, Aubert, Derbelle, Dumetz, Defrance, Lafoscade (1).

Vu, vérifié et approuvé en séance publique par Nous, administrateurs du Directoire du District révolutionnaire de Montagne-sur-Mer, le vingt et un vendémiaire, troisième année républicaine.

Poultier, Hacot-Duviollier, Danvin, Prioux, Henneguier, Prevost. »

N.-B. — Au dos de ce document est écrite la mention suivante : « Ajourné. » (2). — Arch., T. 2, p. 325, 326, 327, 328.

DERNIER MOT.

La Révolution de 1789 abolit les dernières traces de la féodalité. Etudions à la hâte des temps antiques.

Dans la vie des nations, il y a des âges divers : à chacun sa mission. Or, des races hétérogènes, composées de Francs, de Goths, de Visigoths, de Suèves, d'Alains, etc., etc. couvraient autrefois notre sol ; elles formaient, naturellement, des nationalités nombreuses, ayant leurs lois respectives, en dépit de l'unité romaine.

---

(1) Toutes les signatures de ces divers actes sont paraphées.

(2) Il ressort de toutes ces pièces, que de toutes parts il se faisait des tentatives pour secourir la famille de la Neuville ; mais il était extrêmement difficile d'arriver à un résultat heureux, les sommités révolutionnaires se montrant inaccessibles : de là, par exemple, le mot : « Ajourné. »

Charlemagne finit cependant par en faire un ensemble moins disparate ; mais le grand roi mort, ces éléments hétérogènes, comprimés pendant son règne, reprirent leur autorité précédente.

Les Normands mirent à profit cette désunion. Pour leur résister, des châteaux et des forteresses se construisirent de toutes parts : l'ennemi commun vaincu, une nouvelle indépendance sourit à chaque fraction de souveraineté locale pour secouer toute prépondérance centrale.

Au huitième et au dixième siècles, alors que la féodalité était dans toute sa puissance, les lois et les coutumes étaient encore romaines ; à part quelques modifications, comme celles de la protection que le suzerain devait à son vassal et que ce dernier, par réciprocité, devait à son souverain appelé gouverneur, comte, possesseurs d'une province, d'un fief auxquels il était payé une redevance terrienne, et qu'en cas de guerre le vassal devait se rendre à l'appel de son seigneur.

La dynastie carlovingienne, qui copiait les coutumes romaines et impériales, devait disparaître dans ces circonstances, héritage que la dynastie capétienne hérita, faible d'abord, sans armée, et seulement aidée des armées du seigneur, mais qui pourtant avec les siècles, devint si forte !...

La Monarchie si unie qu'elle fût, est renversée en 1789 ; cette rupture a donné naissance à des partis sans nombre, à croire que l'on converge vers des époques passées. Mais ici l'histoire confine à la politique, et c'est à ce point précis que s'arrête ma plume.

Amiens. — Typ. DELATTRE-LENOEL, rue de la République, 32.

www.ingramcontent.com/pod-product-compliance
Lightning Source LLC
Chambersburg PA
CBHW070803290326
41931CB00011BA/2120